)n économique et sociale

DU

AH ÉGYPTIEN

PAR

JOSEPH F. NAHAS

DOCTEUR EN DROIT

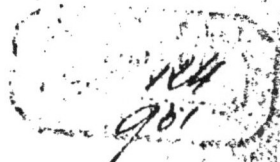

45016

PARIS
NOUVELLE DE DROIT & DE JURISPRUDENCE

R ROUSSEAU, ÉDITEUR

UE SOUFFLOT ET RUE TOULLIER, 13

1901

SITUATION ÉCONOMIQUE ET SOCIALE

DU

FELLAH ÉGYPTIEN

Situation économique et sociale

DU

FELLAH ÉGYPTIEN

PAR

JOSEPH F. NAHAS

DOCTEUR EN DROIT

PARIS

LIBRAIRIE NOUVELLE DE DROIT & DE JURISPRUDENCE

ARTHUR ROUSSEAU, ÉDITEUR

14, RUE SOUFFLOT ET RUE TOULLIER, 13

—

1901

SITUATION ÉCONOMIQUE ET SOCIALE
DU FELLAH ÉGYPTIEN

INTRODUCTION

C'est au Nil que l'Egypte doit la richesse et la vie ;
il y a déjà vingt-quatre siècles que le Père de l'Histoire
a donné à cette vérité une expression pittoresque en
écrivant : « L'Egypte est un présent du Nil. » Fécondées
par ce fleuve, toutes les terres se couvrent d'une végé-
tation luxuriante ; mais que, par l'insuffisance d'une crue,
ses eaux viennent à manquer, tout le pays se transforme
soudain en un désert aride : c'est la sécheresse et la
misère ; le pauvre fellah succombe sous le poids des dettes
et l'activité économique du pays subit un brusque arrêt.
Ces crises, occasionnées par des crues trop faibles, circonstance heureusement assez rare, sont d'autant plus
aiguës que le pays est alors frappé dans sa source vitale :
son agriculture.

L'Egypte est, en effet, un pays essentiellement agricole. L'industrie manufacturière y est peu importante

et ne produit que des objets usuels ; et, malgré l'existence de quelques industries, étroitement liées à la production locale, comme l'égrenage du coton, la fabrication
du sucre avec la canne à sucre, la décortication du riz,
le pressage des graines oléagineuses, l'Egypte demeure
un pays essentiellement agricole, et l'on peut dire, avec
raison, que sa principale industrie, c'est son agriculture.

D'où nous pouvons conclure, d'abord, que la prospérité de ce pays est à la merci du Nil et de l'administration
qui, par des travaux utiles et des mesures sages, domes-
tiquera ce grand fleuve et le fera servir au plus grand
bien de tous et de chacun.

Le rôle de l'administration est ici d'une importance
capitale. Le Nil appartient à l'Etat, avec toutes ses rami-
fications, avec tous les canaux que ses eaux alimentent.
Aucun cours d'eau n'est dans le domaine privé, comme
le sont, en France, les cours d'eau non navigables ni
flottables. L'Etat est le souverain dispensateur des eaux ;
il en règle la distribution et l'usage, interdisant tantôt
certaines cultures, tantôt l'arrosage durant une période
déterminée : c'est le système *des rotations*, fixées tous les
ans par le Ministère des travaux publics (1). L'adminis-

(1) Ainsi, au commencement de l'année 1900, prévoyant une crue
trop faible, le gouvernement a interdit d'une façon formelle la culture du maïs, jusqu'à la nouvelle inondation, et il a implicitement
empêché la culture du riz, en espaçant les périodes d'arrosage, car
le riz doit être abondamment arrosé tous les 8 jours, en été. Toutes
ces mesures rigoureuses ont été prises pour tâcher de sauver la cul-

tration tient donc dans ses mains toutes-puissantes le
sort de tous les cultivateurs ; elle peut, par une distribution arbitraire des eaux, ruiner une partie de la population au profit de l'autre partie. « Aussi, disait Napoléon Ier, en aucun pays, l'administration n'a autant
d'influence sur la prospérité publique.

« Si l'administration est bonne, les canaux sont bien
creusés, bien entretenus, les règlements pour l'irrigation
sont exécutés avec justice, l'inondation est plus étendue.
Si l'administration est mauvaise, vicieuse ou faible, les
canaux sont obstrués de vase, les digues mal entretenues,
les règlements de l'administration transgressés, les principes du système d'inondation contrariés par la sédition
et les intérêts particuliers des individus ou des localités. »

De l'importance de l'agriculture en Egypte, découle
nécessairement aussi l'importance du fellah qui travaille
le sol et le fait produire. C'est lui qui donne à la vie
économique toute son intensité et il constitue, avec le
Nil, les deux étais sur lesquels repose la fortune publique.

« Sans le fellah, écrit M. Mayrargues (1), il est permis
de le dire, l'Egypte mourrait fatalement. Le Nil et le
fellah se complètent l'un l'autre et eux deux ont fait, jusqu'à présent, la richesse du pays. »

ture du coton, la plus importante et la plus rémunératrice pour les
cultivateurs.

(1) Alfred MAYRARGUES. — *Le vice-roi et le fellah*, 1869, Paris.

Il est nécessaire d'ajouter aussi, afin de se rendre compte de toute l'importance du fellah comme agent de production, que nul autre que lui ne peut venir le remplacer dans son rude labeur. « Le paysan égyptien, fellah pur ou métis, est le seul qui puisse cultiver l'Egypte : c'est lui qui, nu, sous un soleil dévorant, sait puiser l'eau du Nil en faisant grincer les chadoufs, comme ses arrière-grands-pères, les contemporains d'Abraham (1). »

Nous avons jugé intéressant d'étudier la situation économique et sociale de cet infatigable producteur de richesses, pauvre lui-même et misérable à l'excès. Et pour que cette étude soit complète, il est nécessaire de donner un aperçu rapide de la situation du fellah depuis les derniers temps de la domination des Mamelouks jusqu'à l'époque actuelle. Cette étude, outre l'intérêt qu'elle peut avoir en elle-même, servira aussi à montrer comment un long règne de la tyrannie a fait faire au fellah son apprentissage de misère, et comment sa situation actuelle, plus malheureuse à coup sûr que celle de n'importe quel paysan d'Europe, lui semble douce, quand il la compare à celle de ses aïeux. Etienne de La Boëtie explique, dans son « discours sur la servitude volontaire », qu'un peuple peut accepter longtemps une situation de servitude et de misère, parce que les nouvelles générations qui naissent, n'ayant jamais connu d'autre état que celui de leurs pères, arrivent à le considérer comme

(1) Alfred MAYRARGUES. — *Loc. cit.*

l'état naturel. Et cet auteur ajoute que la tyrannie amollit les âmes et leur enlève toute volonté pour réagir contre elle.

C'est là le secret de la soumission passive du fellah à toutes les privations, aux vexations et à l'arbitraire anciens. Là aussi se trouve la raison de la paresse, de la ruse et de l'imprévoyance que certains écrivains ont crues inhérentes à sa nature, et qui ne sont, en réalité, que la conséquence nécessaire du despotisme dont il a long-temps souffert.

« Entre tous les êtres humains qui respirent en Egypte, le fellah est le plus intéressant, le plus sympa-thique, car il est bon, doux, intelligent. C'est un produc-teur et un repro'ucteur infatigable qui porte sur ses échines, tout en travaillant, un monde de parasites, et à qui l'idée n'est pas encore venue de secouer ce fardeau. Le fellah est l'agriculteur par excellence, le rustique complet avec ses qualités natives qui sont grandes, et ses vices qui tiennent à la situation qu'on lui fait. On le presse, on l'exploite, on le dévore ; il proteste à sa manière, en rusant quand il le peut et tant qu'il peut (1). »

Dans la première partie de ce travail, nous jetterons donc tout d'abord un coup d'œil rapide sur la situation de l'Egypte et du fellah aux derniers temps de la domina-tion des Mamelouks, et nous verrons comment l'anar-

(1) Alfred MAYRARGUES. — *Loc. cit.*

chie qui régnait avec ces tyrans et la négligence des intérêts primordiaux, d'où dépendent la vie et la prospérité
d'un peuple, avaient plongé le pays dans la désolation
et la misère. Mohamed Ali, après avoir détruit les Mamelouks, prit en mains les intérêts de l'Egypte et il dut
employer tout son génie à la faire renaître à la vie économique ; nous verrons comment, grâce aux grands travaux d'utilité publique exécutés, et aux perfectionnements introduits dans l'agriculture du pays par ce grand
prince, le fellah put envisager l'avenir sous des couleurs
plus riantes et voir poindre l'aurore de son relèvement
et de son bien-être.

Les successeurs de Mohamed Ali, à qui il avait
aplani les plus grandes difficultés et ouvert les voies du
progrès, n'avaient plus qu'à marcher sur les traces de
leur illustre devancier pour que la prospérité de l'Egypte
fût à tout jamais assurée. Parmi ces princes, Abbas Ier
s'écarta de cette voie ; Saïd pacha s'y engagea résolument et travailla toute sa vie au bonheur de son peuple ;
le règne d'Ismaïl pacha, commencé sous les plus heureux
auspices, devint ensuite néfaste pour le pays, en le sur-
chargeant de dettes et en y faisant ainsi intervenir les
puissances étrangères. Le fellah, plus que tout autre,
souffrit de l'embarras du trésor et des dilapidations du
vice-roi. Le successeur d'Ismaïl pacha fut un prince
juste et sage ; le pays commençait à jouir sous lui de la
paix et du repos, quand éclatèrent les événements
d'Arabi, qui amenèrent l'occupation militaire du pays

par les armées britanniques. C'est à ce moment que doit
s'arrêter notre première partie, car ce moment marque,
pour le fellah, le commencement de sa situation économique et sociale actuelle, qui nous occupera dans la
deuxième partie de ce travail.

Dans cette deuxième partie, nous étudierons d'abord
le fellah dans sa vie privée.

Possède-t-il les qualités domestiques et sociales qui
sont la condition essentielle de l'avancement des nations?
Trompés par les apparences, certains n'ont pas cru trouver ces qualités dans l'âme du fellah, et partant de
cette fausse donnée, ils l'ont condamné à une infériorité
éternelle. C'est là, nous le démontrerons, une profonde
et regrettable erreur; le fellah a en lui toutes les apti-
tudes au progrès, mais il faut qu'on l'aide à sortir de cet
état d'asservissement qui, depuis des siècles, a été le sien.
Or, malgré les grandes étapes parcourues par l'Égypte,
depuis quelque temps, dans la voie du progrès, la situation du fellah reste misérable et nous ferons ressortir
cette triste et choquante antithèse.

Ensuite, nous étudierons le fellah petit propriétaire,
nous assisterons à son exploitation par les usuriers et
tous les spéculateurs sans conscience; en même temps,
nous mentionnerons les efforts faits par le gouvernement pour lui venir en aide, et nous indiquerons les
réformes urgentes à introduire dans ce but.

Nous examinerons ensuite la situation du fellah ouvrier
agricole et les différents contrats de travail qui inter-

viennent entre lui et le patron et qui, tous, ne lui procurent qu'une situation des plus précaires, peu en rapport avec ses besoins et surtout avec le travail qu'on exige de lui.

Le fellah, dans les travaux d'utilité publique, nous arrêtera aussi quelques instants et, faisant un retour en arrière, nous dirons comment ces travaux étaient exécutés depuis la plus haute antiquité jusqu'en ces derniers temps au moyen de la corvée, qui est remplacée maintenant par le système des entreprises. Aujourd'hui, le fellah est payé par les entrepreneurs, mais, ici comme pour les travaux agricoles, le salaire qu'il reçoit est tout à fait disproportionné avec le travail qu'il fournit.

Enfin, pour compléter cette étude, nous examinerons la situation du fellah devant les tribunaux et là, nous serons heureux de constater que, le plus souvent, le législateur et le juge se sont entendus pour protéger cet être faible, ignorant et toujours exploité.

Un sujet aussi complexe exigeant de celui qui le traite une érudition que nous sommes loin de posséder, on voudra bien nous accorder quelque indulgence et ne pas trop nous tenir rigueur pour les imperfections de ce travail de début.

PREMIÈRE PARTIE

CHAPITRE I

SITUATION DU FELLAH AUX DERNIERS TEMPS DE LA DOMINATION DES MAMELOUKS.

Dire que l'Egypte et ses habitants sont, au point de vue du bien-être et de la prospérité, à la merci du pouvoir qui les gouverne, c'est dire que la domination des Mamelouks fut une période de désolation et de profonde misère. « Vingt-quatre ou vingt-cinq mille Mamelouks gouvernaient alors l'Egypte. Cette caval- cade souveraine était composée d'esclaves. Quel que fût leur grade ou leur dignité, qu'ils fussent beys ou simples soldats, tous les Mamelouks sortaient du bazar. Ils formaient une société particulière, unique certainement dans l'histoire, qui différait des autres en ce qu'elle n'avait point de patrie; que la famille n'y existait pas;

qu'elle ne pratiquait aucun culte bien qu'elle appartint
pour la forme à la religion musulmane ; qu'elle ne connaissait d'autres sciences que l'équitation et l'escrime de
la lance ; qu'elle vivait sans lois, sans règles et sans
traditions. Des négociants la recrutaient en Perse, en
Moldavie, en Valachie, au Caucase, en Grèce, avec des
enfants volés ou achetés, à bas prix, à des parents
pauvres. Ces enfants, presque tous d'origine chrétienne,
étaient conduits dans les entrepôts d'Alexandrie et du
Caire, où des employés les lavaient, les paraient pour la
vente et les rendaient mahométans. On avait soin de
les choisir bien faits, jolis de figure, fortement consti-
tués, intelligents, propres au double exercice du cheval
et du pouvoir. De l'étalage du marchand, ils passaient
chez les beys dont ils devenaient les pages, les soldats
et quelquefois les héritiers.

« Ce singulier genre de vie faisait des Mamelouks
des êtres à part. Mahométans par nécessité, ils restaient
indifférents à toutes les croyances sans éprouver le
besoin de les remplacer par une philosophie quelconque.
Elevés loin des leurs, au milieu des soldats, il ne ressen-
taient et ils n'inspiraient que des affections de corps de
garde. Ils vivaient entre eux, ne se souciant pas de
l'Egypte qu'ils se contentaient de dévaliser et de vio-
lenter.

« La révolte était leur situation ordinaire. Ce ramassis
d'hommes de toutes les races, réunis par le hasard,
étrangers au pays qu'ils habitaient, livrés à toutes leurs

fantaisies et avilis dès l'enfance, avait un irrésistible
besoin d'indépendance et d'anarchie... Leur vie était
une lutte perpétuelle. Ils s'entr'égorgeaient et s'assassi-
naient, tantôt pour s'arracher le pouvoir, tantôt pour
s'enlever de jeunes esclaves. Les batailles succédaient
presque sans trève aux batailles, les charges de cavalerie
aux charges de cavalerie, et, vu de loin, le gouvernement
de l'Egypte avait l'aspect d'un carrousel (1). »

Et voici le portrait qu'en donne Volney, qui a visité
l'Egypte en 1785 : « Nés la plupart dans le rite grec, et
circoncis au moment qu'on les achète, ils ne sont, aux
yeux des Turks mêmes, que des renégats, sans foi ni
religion. Etrangers entre eux, ils ne sont point liés entre
eux par ces sentiments naturels qui unissent les autres
hommes. Sans parents, sans enfants, le passé n'a rien
fait pour eux, ils ne font rien pour l'avenir. Ignorants et
superstitieux par éducation, ils deviennent farouches
par les meurtres, séditieux par les tumultes, perfides
par les cabales, lâches par la dissimulation et corrompus
par toute espèce de débauches; telle est l'espèce
d'hommes qui fait en ce moment le sort de l'Egypte (2). »

Préoccupés avant tout de leur enrichissement personnel et fort peu soucieux de la prospérité publique, ils
n'auraient jamais songé à faire exécuter des travaux
utiles.

(1) V. *Ahmed Le Boucher*, par Ed. LOCKROY, p. 4 et 5.
(2) Cité par le duc d'HARCOURT, dans son livre: *L'Egypte et les
Egyptiens.*

Ce qui se cultivait sur les rives du Nil suffisait amplement à remplir leurs greniers et leurs poches; ils trouvaient inutile de répandre la fertilité dans les autres provinces, éloignées du cours du fleuve. « On ne connaît aucun fait qui puisse prouver qu'avant Méhémet Ali, on ait creusé des canaux pour procurer, pendant l'étiage, de l'eau aux terrains éloignés du cours du fleuve et pour faire comme aujourd'hui des cultures d'été (1). »

D'ailleurs, la désorganisation et l'anarchie administrative étaient un obstacle puissant qui empêchait l'exécution de tout travail d'utilité publique. Chaque province était sous l'entière dépendance d'un chef Mamelouk, et, à la tête de chaque village, il y avait un Caïmacan. Ce dernier faisait exécuter les travaux de canalisation et d'endiguement pour l'avantage des terres dont il devait s'attribuer le rendement.

Jamais il ne s'inquiétait de savoir si ces travaux allaient profiter ou nuire aux villages voisins. D'où, souvent des rixes suivies de batailles à main armée, dans le but, soit d'irriguer les terres d'un village, soit d'en écouler les eaux (2).

Voilà comment les Mamelouks se comportaient à l'égard des travaux d'utilité publique. Voyons maintenant comment ils traitaient le fellah.

(1) LINANT DE BELLEFONDS pacha. — Mémoires sur les principaux travaux d'utilité publique exécutés en Egypte depuis la plus haute antiquité jusqu'à nos jours, 1872-1873.
(2) V. Mémoires LINANT pacha. *Loc. cit.*

L'Egypte ressemblait, à cette époque, à un vaste domaine féodal qu'exploitaient les plus tyranniques des
seigneurs et les fellahs qui y étaient attachés, étaient
plus malheureux que les serfs du moyen âge, plus malheureux même que les esclaves de l'antiquité.

Nous savons, en effet, que, dans la *familia* antique,
l'esclave était ménagé, quelquefois par humanité, le plus
souvent par calcul ou par crainte. Le maitre avait d'a-
bord intérêt à le ménager, car c'était un bien de consom-
mation industrielle, un capital sur lequel il fallait veiller
pour qu'il ne se détériorât pas et pour qu'on en pût
retirer le plus d'avantages possible. L'assimilation de
l'esclave à un instrument de production se trouve nettement exprimée dans la *Politique* d'Aristote. Pour lui,
l'art domestique, comme tout art, doit avoir ses instruments ; les uns sont inanimés, les autres vivants. Les
instruments vivants sont les animaux et les *esclaves* ; et
Aristote observe qu'en tant qu'instrument, l'esclave est
le meilleur de tous, parce qu'il est intelligent et toujours
perfectible (1). Que ce soit pour cette raison d'intérêt

(1) Aristote. — *Politique*, liv. I. Chap. II, parag. 1. : « Si les
différents arts ont besoin d'instruments spéciaux pour accomplir
leur œuvre, la science de l'économie domestique doit aussi avoir
les siens. Parmi les instruments, les uns sont inanimés, les autres
animés ; par exemple pour le pilote, le gouvernail est un instrument
sans vie, et le matelot qui veille à la proue est un instrument vivant,
l'ouvrier, dans les arts, étant considéré comme un instrument. De
même la propriété est un instrument essentiel à la vie, la richesse
une multiplicité d'instruments, et l'esclave une propriété vivante ;
seulement, comme instrument, un ouvrier quelconque est le premier de tous. » Traduction de Thurot.

ou simplement par humanité, tous les philosophes de l'antiquité recommandaient la justice, la bonté, la générosité envers les esclaves et une équitable répartition entre eux du produit de leur travail, pour stimuler leur zèle à la production. Seul, l'espoir de cette juste répartition, dit Xénophon, peut exciter l'esclave au travail ; la contrainte, ajoute-t-il, est vaine et dangereuse, les cieux maudissent les maîtres qui l'emploient. Et Sénèque, dans une lettre admirable, recommande aux maîtres l'humanité et la justice envers les esclaves (1).

Les maîtres comprenaient généralement cette obligation de bien traiter leurs esclaves, et ils y étaient portés autant par crainte que par intérêt ; car, s'il était impossible aux esclaves de manifester leurs revendications législativement, ils savaient bien les faire triompher par la force brutale, et l'histoire de la Grèce et de Rome est remplie de leurs sanglantes insurrections.

Le fellah sous les Mamelouks n'eut pas recours aux moyens violents pour obtenir un adoucissement à son malheureux sort, et encore moins put-il réclamer cet adoucissement par les voies de droit. Son caractère pacifique, son inépuisable patience et son endurance merveilleuse lui faisaient supporter les plus mauvais traitements, et il n'est pas contestable qu'il aurait pu envier, à plus d'un titre, lui, homme libre, le sort des esclaves de l'antiquité. La liberté n'est-elle pas une sinistre plai-

(1) Sénèque. — Epist. 47.

santerie quand elle ne donne droit qu'aux souffrances et
à la misère ?

Quoique, en droit, il ne pût rien posséder en propre,
étant lui-même une *chose* dans le patrimoine du maître,
« toutefois l'usage s'introduisait de bonne heure de laisser
à l'esclave un *pécule*, c'est-à-dire la jouissance et l'administration de certains biens, avec lesquels il pouvait se
livrer à un commerce, et qu'il était libre d'augmenter
de ses économies. Quelquefois même il avait dans son
pécule d'autres esclaves appelés *vicarii*. En droit, le
maître reste seul propriétaire du pécule et peut le reprendre à son gré ; mais en fait, c'est chose très rare,
et en cas d'affranchissement entre vifs, le maître était
censé faire don du pécule à l'esclave, s'il ne le lui reti-
rait expressément (1). » Le fellah ayant le droit de posséder biens et esclaves, était battu jusqu'à ce qu'il eût
donné son dernier denier à ses insatiables maîtres !

De plus, dans l'antiquité, le législateur s'entremettait
entre les maîtres et les esclaves, dans le but de réprimer
la cruauté et les abus de pouvoir. Ainsi, à Rome, dès
l'époque classique, des mesures de ce genre furent prises
par les empereurs Claude, Hadrien et Antonin le pieux :
celui qui tuait son esclave était traité comme un meur-
trier, et le magistrat pouvait forcer le maître à affranchir
ses esclaves, s'il se montrait trop cruel pour eux (2).

(1) Eugène PETIT. — *Traité élémentaire de droit romain*, 1892, p. 61.
(2) V. Eugène PETIT. — *Traité élémentaire de droit romain*, Paris,
1892, page 61.

Est-il besoin de dire que les Mamelouks, abusant à l'excès du pauvre fellah, ne pouvaient pas se punir eux-mêmes, en édictant des lois pareilles ?

N'oublions pas enfin que ces chefs turbulents gouvernaient l'Égypte à une époque où les idées d'indépendance s'étaient répandues partout, et où la liberté était devenue, pour tous les peuples civilisés, un droit imprescriptible et sacré ; tandis que l'esclavage servait de base à l'organisation de la société antique où on le considérait comme un état naturel et où les philosophes eux-mêmes s'ingéniaient à le justifier.

Comparons maintenant la situation du fellah, sous les Mamelouks, à celle du paysan du moyen âge. Cette comparaison est facilitée d'ailleurs par la grande similitude qui existe entre les institutions féodales et celles de l'Égypte à l'époque que nous étudions.

Le régime féodal, qui semble être, comme le dit M. Esmein, (1) « un des types généraux d'après lesquels les sociétés humaines tendent à se constituer spontanément dans des milieux déterminés », a existé en Égypte sous la domination des Mamelouks. Ce régime a pu librement se développer grâce au principe, d'origine fort ancienne en ce pays, d'après lequel la propriété des terres appartient au chef de l'État.

Barthélemy Saint-Hilaire nous dit que ce principe remonte à Joseph, fils de Jacob, c'est-à-dire à plus de

(1) A. ESMEIN. — *Cours élémentaire d'histoire du Droit Français*, p. 175.

deux mille ans avant l'èrechrétienne. Il subsista à travers les siècles, jusqu'à la domination des musulmans qui, le trouvant en conformité avec la loi du Coran, le maintinrent. Les Mamelouks n'eurent garde de l'abolir. La propriété territoriale fut conservée au chef suprême, au sultan, comme elle appartenait au moyen âge, au souverain *fieffeux* du royaume, et, à ce titre, le sultan prélevait l'impôt territorial appelé *miri* (1).

Après lui venait, dans cette hiérarchie féodale, le *pacha*, représentant de son autorité et gouverneur de la province d'Egypte. Puis nous trouvons les *moultezims*, seigneurs tenanciers des terres, qui les acquéraient par le moyen suivant.

Le pacha mettait les communes aux enchères publiques et les concédait au plus offrant et dernier enchérisseur.

Le concessionnaire (Moultezim) recevait du gouvernement un titre (Taxit) constatant la concession et intimant aux chefs et aux habitants de la commune l'ordre d'obéir au concessionnaire et de lui payer les impôts. Par ce contrat, le Moultezim était donc mis aux lieu et place du gouvernement et il exerçait sur les habitants, devenus ses serfs, tous les droits de haute seigneurie.

Il avait, d'abord, tout comme les seigneurs du moyen âge, la propriété exclusive d'une terre appelée *Oussych* qu'il cultivait pour son propre compte, en y employant des

(1) V. MERRUAU. *L'Égypte contemporaine* (1810-1857). Le miri a été créé par le sultan Sélim.

fellahs en corvée. A côté des terres *Oussych*, il y avait celles dont le Moultezim concédait l'usufruit au fellah et celui-ci pouvait donner ou vendre cet usufruit. Le Moultezim restait effectivement le maitre de ces terres, puisqu'il pouvait augmenter ou diminuer les impositions qu'elles lui payaient, puisqu'il pouvait les donner ou les vendre à d'autres Moultezims et qu'elles devenaient, après lui, le bien de ses enfants, et enfin, puisqu'il les réunissait à son bien propre, si le fellah possesseur venait à mourir sans héritiers, circonstance qui n'avait pas lieu pour les autres parties de la propriété du fellah, sa maison, ses meubles et ses troupeaux sur lesquels le droit de déshérence appartenait au fi c et non au Moultezim (1).

Le retrait des terres ainsi concédées au fellah pouvait avoir lieu également si ce dernier n'avait pas les moyens de les cultiver, ce qui faisait présumer qu'il ne pourrait pas payer les charges qui les grevaient. Mais il était libre d'y faire les cultures qui lui convenaient, pourvu qu'il acquittât les impôts réclamés.

Ajoutons, pour bien marquer le caractère de cette organisation féodale, que les enfants du Moultezim ne pouvaient à sa mort, hériter de ses biens, qu'après avoir obtenu l'agrément du pacha ; car la concession était toujours viagère. Cet agrément s'obtenait en lui payant une taxe déterminée, regardée par les Turcs comme une

(1) V. Michel-Ange LANCRET. Mémoire sur le système d'imposition territoriale et sur l'administration des provinces de l'Egypte, dans les dernières années du gouvernement des Mamelouks.

espèce de rachat de la terre qui, sans cela, retournerait
au fisc (1). C'est le pendant de la mainmorte du moyen
âge.

Cependant quelques Moultezims obtenaient, de leur
vivant, des ordres supérieurs leur permettant de constituer leur concession en Wakf, au profit de leurs descendants ou d'établissements pieux, et cela moyennant une
somme équivalente à l'impôt d'un certain nombre d'années (2).

Ce tableau esquissé, comparons la situation du serf
avec celle du fellah sous le gouvernement des Mamelouks.

Le serf devait au seigneur les impôts suivants : le
chevage, capitation très minime de 2 à 4 deniers au
plus ; la *taille*, à l'origine arbitrairement déterminée par
le seigneur, mais fixée de bonne heure soit par la coutume, soit par un contrat intervenu entre le seigneur et
ses serfs ; et enfin, la *corvée*, également arbitraire à l'origine, mais ensuite limitée, soit par la coutume, soit par
des abonnements (3).

On peut dire du fellah qu'il doit, en impôts de tout
genre, tout ce qu'il peut avoir et même au delà.

(1) V. Mémoire de Michel-Ange LANCRET. *Loc. cit.*
(2) V. dans le Répertoire Ph. GÉLAT, le rapport de S. E. Boutros
pacha Ghali, membre de la commission d'enquête de l'impôt foncier,
présenté le 18 février 1880. Ce rapport contient des renseignements
très complets et très précis sur la situation de la terre du temps des
Mamelouks, sur les charges multiples qui la grevaient, etc. C'est à
lui que nous empruntons certains détails qu'on va lire.
(3) V. M. ESMEIN. *Cours Élémentaire d'Histoire du Droit français*, passim.

Il doit d'abord une contribution inhérente à la terre qu'il possède : C'est le *mâl-el-hour* (le droit libre). Ce droit est arbitrairement fixé par le Moultezim. Il en fait deux parts : la plus minime sert à acquitter l'impôt du Sultan, le *Miri*, créé par le Sultan Sélim ; l'autre, la plus grosse, il se l'attribue sous le nom de *Fayez*, en compensation de la somme qu'il a payée comme prix de la concession. En outre, il lui est alloué, dans le contrat de concession même, une certaine somme à titre d'indemnité, pour le couvrir des risques de la perception, car il est obligé d'avancer au gouvernement tous les impôts de la commune et de les percevoir ensuite à ses risques et périls (1).

Sa situation ressemble, à cet égard, à celle des *fermiers-généraux*, qui se faisaient adjuger la perception des revenus et des impôts mis à ferme par le roi (2).

Le cultivateur doit aussi : 1° le *Moudaf* (surajouté), 2° le *Barani*, qui était, à l'origine, un cadeau bénévole et qui s'est transformé, par la suite, en imposition obligatoire (3). Ces impôts qui engloutissaient presque tous les produits de la terre, n'étaient pas les seuls que payât le fellah.

(1) V. Rapport Boutros pacha. *Loc. cit.*
(2) V. M. Esmein. *Loc. cit.*
(3) Nous retrouvons l'offre de dons gratuits par les sujets dans les coutumes germaniques, et cette habitude se conserva sous la monarchie franque ; elle devint même, sous les Carolingiens, une obligation véritable pour les grands du royaume et pour les monastères. V. M. Esmein. ouvr., *loc. cit.*, page 83.

Nous ne trouvons pas utile d'en faire l'énumération complète. M. A. Lancret en a compté dix-sept (1).

Signalons seulement les abus sans nombre des commandants des provinces, qui réquisitionnaient tout ce qu'ils trouvaient, pour la nourriture des troupes, et qui exigeaient des fellahs des cadeaux et toutes sortes de droits fantaisistes que leur imagination n'était pas en peine d'inventer (2).

Mais la plus terrible de toutes les contributions était celle que les fellahs devaient aux Bédouins du désert. Profitant de toute occasion propice, ces redoutables bandits franchissaient à cheval la lisière du désert et s'abattaient sur les villages comme des nuées de sauterelles. Ils mettaient tout à sac, emportaient les bestiaux et les moissons, prélevaient des impôts et vendaient leur protection à qui voulait l'acheter (3).

Jamais le gouvernement des Mamelouks ne s'occupa sérieusement de mettre les habitants à l'abri de ce redoutable fléau. Et nous nous demandons à quel titre un gouvernement, incapable de garantir jusqu'à la sécurité du peuple, peut exiger et faire payer à ce peuple les plus

(1) V. Mémoire de M. A. LANCRET, loc. cit., et Rapport de S. E. BOUTROS pacha Ghali, loc. cit.
(2) V. HAMONT. L'Egypte sous Méhémet-Ali, 1815.
(3) HAMONT. — L'Egypte sous Méhémet-Ali. Paris 1815. « Elle (l'Egypte) était peuplée, comme elle l'est aujourd'hui, de Coptes, d'Arabes, de Turcs, de Juifs, d'Arméniens et de Bédouins du désert, autres cavaliers indépendants qui pillaient les villages isolés et campaient sur les frontières. » Ahmed Le Boucher, par Ed. Lockroy, p. 6.

lourds des impôts. En effet, de quelque façon que l'on envisage l'impôt : qu'on veuille y voir une prime d'assurance payée à l'État, ou, comme l'Assemblée Constituante, « une espèce de dédommagement et le prix des avantages que la société procure, une avance pour obtenir la protection de l'ordre social », ou bien, qu'on le définisse, comme Say, Smith, Ricardo, la quote-part de chacun pour la dépense des services publics, il est clair jusqu'à l'évidence que le fellah n'aurait dû payer aucun impôt.

Quant à la corvée, elle existait dans sa forme la plus haïssable, et le fellah était alors, comme au temps de la construction des Pyramides, l'être corvéable à merci, dans toute l'acception de ces mots. Outre les travaux de défense contre les inondations et ceux de curage et d'irrigation, qui furent toujours son lot, il devait aussi cultiver les champs appartenant en propre au Moultezim, (les terres Oussych) et servir cet exigeant seigneur à toute heure du jour et de la nuit.

Voilà le tableau rapide et nécessairement incomplet de la situation du fellah sous la domination des Mamelouks. Les résultats de ce despotisme stérile ne se firent pas longtemps attendre. La misère s'abattit sur les villages avec son cortège de maladies, et la population fut rapidement décimée. D'autre part, la tyrannie des maîtres avait avili l'âme du fellah et tué en elle jusqu'au sentiment de la dignité humaine.

La désolation et la misère partout, une effrayante

dépopulation, un peuple arrivé au dernier degré de la
dégradation et à l'ignorance la plus abjecte, l'anarchie
dans l'administration, dans la justice, dans les finances,
partout, voilà le bilan de la domination des Mamelouks.
C'est l'état dans lequel Mohamed Ali reçut le pays de
leurs mains (1).

Voyons comment ce prince et ses successeurs ont
travaillé au relèvement de l'Egypte et à l'amélioration
du sort du fellah.

(1) Nous ne jugeons pas utile d'appuyer ces conclusions de l'opinion de quelques auteurs, tous les historiens qui ont parlé de cette
époque s'étant accordés à la considérer comme la plus malheureuse
de l'histoire moderne de l'Egypte.

CHAPITRE II

SITUATION DU FELLAH SOUS MOHAMED ALI PACHA.

Ismaïl pacha s'adressant, en 1867, aux élus du pays disait, en parlant de Mohamed Ali : « Mon aïeul fit cesser le désordre en Egypte, ramena la sécurité et fonda des institutions assurant un avenir prospère. »

On sait assez quels furent les persévérants efforts de ce prince, qui, nouveau Pierre le Grand, consacra tous ses efforts à relever de sa décadence la nation qu'il gouvernait et à régénérer le pays qu'il fit sien, en le dotant d'une organisation sage et progressiste. Nous ne pouvons, sans dépasser le cadre de ce travail, le suivre dans les multiples travaux qu'il entreprit dans ce but, avec l'énergie d'un réformateur zélé. Il avait pensé, avec raison, que c'est avant tout par le perfectionnement de l'agriculture qu'il parviendrait à enrichir son peuple et à le civiliser et c'est à l'agriculture qu'il consacra ses premiers soins et toute l'activité dont il était capable. Il commença par prohiber la concession des communes, si préjudiciable aux progrès agricoles, il démolit en même temps tout le système d'exploitation du sol, auquel les concessions donnaient lieu sous les Mamelouks et abolit l'autorité des Moultezims. A ceux de la Basse-Egypte et de Ghizeh, il laissa les terres *Oussych* à titre viager, en les exemptant d'impôt, et il leur alloua une rente viagère, pour les dédommager des taxes que leur payaient les cultivateurs. Quant aux Moultezims de la Haute-Egypte, qui étaient en révolte ouverte et portaient les armes contre lui, leurs terres *Oussych* leur furent enlevées et ils n'eurent droit à aucune indemnité (1).

C'est à Mohamed Ali que revient l'honneur d'avoir rouvert en Egypte l'ère des grands travaux, depuis si longtemps close par la tyrannie stérile et l'égoïste cupidité des Mamelouks. S'entourant d'une élite d'ingénieurs et de savants européens, recrutés surtout en France, il se mit résolument à l'œuvre. Voici comment s'exprime un des ouvriers qui ont travaillé avec le plus de zèle et d'intelligence à la gloire de ce règne, M. Linant de Bellefonds pacha, au début de ses « Mémoires ». « Lorsqu'au commencement de ce siècle Mohamed Ali, devenu vice-roi d'Egypte, voulut se livrer aux améliorations de la province qu'il gouvernait, il reconnut les énormes avantages que pourraient lui procurer des travaux faits avec ordre et méthode, dans le but d'augmenter et de régula-

(1) V. Rapport Boutros pacha Ghali. *Loc. cit.*

riser l'irrigation du sol de l'Égypte ; il commença d'abord
par faire creuser beaucoup de canaux et il fit élever un
grand nombre de digues et de chaussées dans tout le
pays, principalement dans la Haute-Égypte où son fils
aîné, Ibrahim pacha, fit lui-même promptement exécuter les principales, après avoir préalablement délivré
cette partie de l'Égypte des malfaiteurs qui y empê-
chaient toute sécurité.

« Ce fut sous Mohamed Ali, vers 1816, que l'on commença à creuser de grands canaux ; on encaissa le fleuve,
en élevant sur ses bords de fortes chaussées et digues ;
travaux qui, par le système des corvées, si faciles alors
et qui devenaient obligatoires, puisque tous en profitaient, s'exécutaient comme par enchantement.

« Ces travaux dits d'utilité publique, ont atteint en une
seule année jusqu'à cinquante millions de mètres cubes
de terrassements, sans parler de ceux qui sont particuliers à chaque village, à chaque propriétaire. »

Pour bien apprécier l'importance des travaux faits
sous Mohamed Ali, il faut se rappeler que l'Égypte avait
été irriguée jusque là par le système pharaonique des
bassins qu'on fait remonter au roi Mena, système primitif qui ne permettait d'irriguer que les seules terres voi-
sines du Nil, et laissait le reste de l'Égypte en friche. La
vallée du Nil, dans la Haute-Égypte, était divisée en
carrés d'inégale grandeur, au moyen de berges cons-
truites parallèlement au fleuve et donnant des plans d'eau
n'ayant pas plus d'un mètre de différence ; ces carrés

constituaient les *bassins d'inondation*. Ces bassins communiquaient entre eux et se remplissaient en commençant par le sud, au moyen d'un canal, dit d'amenée, et, à la fin de chaque série de bassins, il y en avait un plus grand que les autres, qui s'ouvrait sur le Nil et servait à l'écoulement des eaux. Les eaux ainsi amenées séjournaient dans les bassins pendant deux mois et demi environ, des premiers jours d'août aux derniers jours d'octobre, apportant aux terres les matières fertilisantes que les cultures de l'année leur avait enlevées. Ce système fort simple, qui est encore en usage dans la Haute-Égypte, ne peut se pratiquer que pendant la période des hautes eaux, c'est-à-dire en plein été, et ne permet que les cultures d'hiver, qui ne sont pas les plus rémunératrices pour l'Égypte. Encore faut-il que la crue soit normale. Aussi avant les réformes apportées par Mohamed Ali au système d'irrigation de l'Égypte, un tiers des terres restait en friche dans une année de mauvaise crue (1).

C'est à Mohamed Ali et aux ingénieurs éminents dont il s'entoura, comme les Linant et les Mougel, qu'est dû le plan général de l'irrigation du Delta, c'est leur œuvre

(1) V. pour plus de détails, un article très complet publié sur cette question dans les *Débats hebdomadaires* du 21 avril 1900, ainsi qu'une étude : « Irrigation et agriculture en Égypte », faite par le colonel J. C. Ross et publiée dans la *Scottish geographical magazine*, en avril 1893; enfin, une note sur les réservoirs d'eau dans la Haute-Égypte par M. Prompt, ingénieur français administrateur délégué aux chemins de fer égyptiens, communiquée à l'Institut Égyptien le 26 décembre 1891.

qui assura la fertilité de l'Égypte et le bien-être du fellah.
Nous n'énumérerons pas tous les travaux qu'on fit dans
ce but : citons la reconstruction de la digue d'Aboukir,
détruite en 1799 par l'armée anglo-turque, celle de
Kocheïcha, de Tamiah, du Bahr-Bélama, la création du
grand barrage du Bahr-chibin et celui du Nil, œuvre
colossale ayant pour but de maîtriser le fleuve à son
embouchure afin d'élever ou d'abaisser à volonté le niveau
de ses eaux. De 1834 à 1840, nous dit M. Chélu Bey, les
travaux de canalisation ont atteint 104,356,667 mètres
cubes et les ouvrages de maçonnerie 2,814,140 m. cubes.

On peut donc dire que Mohamed Ali fut le père du
progrès agricole, par les travaux qu'il a faits pour
répandre la fertilité dans les provinces les plus éloignées
du cours du fleuve, et aussi par ceux qu'il a étudiés et
qui furent exécutés après lui (1). C'était l'avenir assuré
au fellah.

Il nous faut examiner maintenant si, sous le règne que
nous étudions, la situation du fellah fut meilleure qu'elle
n'était sous les Mamelouks.

La grande majorité des historiens et des biographes
ont rendu, à cet égard, à Mohamed Ali toute la justice

(1) On dit que la question des réservoirs du Nil, œuvre grandiose
que l'on est en train d'exécuter en ce moment, avait été étudiée par
Mohamed Ali, et que le manque d'argent l'a empêché de les construire. La même idée serait venue aussi, d'après certains historiens,
bien des siècles avant cette époque, à l'un des rois Pharaons, mais la
mort l'aurait empêché de la mettre à exécution. On a attribué également à un Pharaon l'idée de faire communiquer la mer Rouge et
la Méditerranée.

qui lui est due, et leur témoignage, joint à celui des
hommes politiques de divers pays, a consacré la mémoire
de ce grand prince.

Cependant, soit par parti pris, soit à cause d'un exa-
men superficiel de la question, certains écrivains ont été
dans leur jugement d'une sévérité injustifiée. M. Hamont,
entre autres, laisse entendre que le fellah fut aussi malheureux sous le règne de Mohamed Ali que du temps de
la domination des Mamelouks, qu'aucune amélioration
n'a été apportée à sa situation misérable, et qu'il fut
employé sans merci aux corvées les plus pénibles et aux
guerres meurtrières dont le règne de ce prince fut rempli (1). M. le duc d'Harcourt, qui a lu le livre de
M. Hamont, partage son opinion et dit «qu'au rebours de
ce qui se disait à Paris, en des discours plus ou moins
retentissants, il (Mohamed Ali) se préoccupa toujours
aussi peu de la liberté de son peuple que de son bien-
être » (2).

Que la situation du fellah n'ait pas été subitement
améliorée à l'avènement de Mohamed Ali, nous le reconnaissons volontiers, car il est humainement impossible de
changer, d'un jour à l'autre, les destinées d'un peuple
qu'un long règne de la barbarie a réduit à la dégradation
la plus vile. Mais ce qui n'est pas contestable, c'est que
Mohamed Ali a été dominé, toute sa vie, par le désir
ardent de rendre l'Égypte prospère et par conséquent, de

(1) HAMONT. — L'Égypte sous Mohamed Ali, Paris, 1845.
(2) L'Égypte et les Égyptiens, p. 76.

procurer le bien-être et le bonheur à son peuple. Son
amour du progrès rapide, immédiat, était tel qu'il lui
faisait imposer au fellah des charges lourdes et de pénibles corvées ; il apportait parfois des entraves à sa liberté
en l'obligeant à ne faire que certaines cultures qu'il
croyait les plus utiles au pays et les plus propres à ali-
menter son commerce. Son excuse se trouve dans la hâte
qu'il avait de le civiliser et de l'enrichir ; il voulait que
les travaux indispensables à un pays essentiellement
agricole et depuis si longtemps négligés, fussent exécutés
de suite. Or les deux éléments, dont le concours est
indispensable à la réussite de semblables projets : la collaboration intelligente du peuple et un Trésor solide, lui
faisaient complètement défaut. Le peuple était trop
ignorant pour seconder les projets du prince ; il dut le
faire marcher de force dans les voies de la civilisation
qu'il ne comprenait pas et l'obliger à travailler à sa
prospérité, comme un maître sévère force son élève à
s'instruire. La sévérité était ici de rigueur pour faire
travailler en corvée ces légions d'ouvriers qu'on ne pouvait pas payer ; où trouver les fonds nécessaires, dans un
pays épuisé et sans Trésor ?

Pour triompher dans cette guerre livrée à la misère
et à la ruine qui désolaient le pays, Mohamed Ali dut
réquisitionner les habitants, sauf à les indemniser ensuite
par un bien-être général, qui profiterait à tous et paye-
rait amplement les peines et les privations souffertes.

Rien ne pouvait l'arrêter dans sa marche en avant, il

ne reculait devant aucun sacrifice pour arriver, de suite,
à bout de l'œuvre régénératrice qu'il avait entreprise et
sa précipitation même lui faisait quelquefois commettre
des fautes. N'eut-il pas un jour l'idée de faire démolir
les pyramides de Ghizeh, pour en employer les pierres à
la construction des barrages ? Cet acte de vandalisme,
que son désir de construire économiquement les barrages
allait lui faire commettre, et qui aurait terni la gloire
de son règne, fut empêché par M. Linant de Bellefonds
qui dressa le plan de démolition et démontra que les
dépenses que cette démolition occasionnerait, seraient
bien plus grandes que celles qu'il faudrait faire pour l'exploitation des carrières (1).

Nous reconnaissons aussi que les agents du pouvoir se
rendaient coupables, sous Mohamed Ali, d'abus nombreux; mais c'était à l'insu du prince et malgré lui. Dans
un pays sans représentation et sans organes publics, où le
pouvoir du chef de l'État est absolu, cet autocrate est
fatalement condamné à ignorer bien des abus qui se com-
mettent en son nom. Parfois aussi il arrive à les connaître, mais il ne peut rien faire pour les empêcher, malgré
son pouvoir souverain et sans limites. Et c'est incontestablement le bienfait le plus appréciable du régime repré-
sentatif que ces rapports constants qu'il établit entre les
gouvernés et les gouvernements, en permettant à ces

(1) Cette anecdote est racontée par M. Linant dans ses Mémoires,
loc. cit.

derniers de toujours connaitre les maux dont souffre
le peuple et d'y porter remède.

Deux systèmes donnaient surtout lieu aux abus, les
plus fréquents : c'était la perception de l'impôt en nature
et le monopole que Mohamed Ali croyait le plus propre
à accroître les revenus du pays. Le monopole se liait à
un système spécial de culture. Selon les besoins du
commerce qu'il savait prévoir, le gouvernement décidait
quelle culture serait spécialement développée chaque
année ; tantôt c'était le coton, tantôt l'indigo ou le riz.
Quand la récolte était faite, elle était portée dans les
magasins du gouvernement appelés *chona.* Une partie
servait à acquitter les impôts. L'autre était souvent
achetée par le gouvernement qui se chargeait du commerce extérieur. C'était du pur socialisme d'État, criti-
quable à plus d'un titre, et surtout à cause des abus
monstrueux auxquels se livraient, sans vergogne, les
intermédiaires entre le vice-roi et le fellah; ils dépré-
ciaient la marchandise, ils avaient deux sortes de poids,
l'un à l'entrée, l'autre à la sortie, etc. Le gouvernement,
souvent à court d'argent, payait ses créanciers en bons
donnant droit à une certaine quantité de marchandises,
qu'on allait recevoir dans les magasins de l'État, ce qui
permettait d'écouler ces marchandises à un prix élevé.

Certains écrivains ont vu dans le monopole un mal
nécessaire, un régime d'exception qui s'imposait à

Mohamed Ali, en raison de l'état social du pays. Voici comment M. Ronchetti (1) défend ce système.

Parlant des dispositions prises par Mohamed Ali pour rendre à l'Egypte sa prospérité commerciale, il dit : « Il « fallait peu compter sur le peuple égyptien. Asservi « pendant de longues années, inapte à l'agriculture et « complètement ignorant des premières notions com-« merciales, son initiative devait être considérée comme « nulle et impossible. Une seule voie de salut s'offrait et « ce fut celle qu'adopta Mohamed Ali, en se faisant « lui-même la cheville ouvrière de l'agriculture et du « négoce.

« Il inaugura, avec le régime du monopole souverain, « une sorte de dictature agricole et commerciale que les « besoins du pays rendaient indispensable.

« La protection directe du chef de l'État assurait, en « effet, d'un côté la bonne culture du sol et les soins né-« cessaires à sa production et garantissait, d'autre part, « aux récoltes un écoulement facile et exempt de la « pression spéculative qui pèse toujours sur un peuple « inexpérimenté. »

M. Ronchetti prouve, par des chiffres, les bons résul-tats commerciaux obtenus par ce régime d'exception qui, « sagement exercé par un prince soucieux des in-« térêts de son peuple, s'est dépouillé dans ses mains, du

(1) Alexandre RONCHETTI. — *L'Egypte et ses Progrès sous Ismaïl pacha*, Marseille. 1867.

« caractère anti-progressiste qu'il présente toujours
« lorsqu'il est engendré par l'arbitraire et par le despo-
« tisme. »

En ce qui concerne la réglementation des exploitations
agricoles, qui est la base du système du monopole, il faut
reconnaître qu'elle n'a pas été une création de Mohamed Ali et qu'elle semble être même une phase nécessaire de l'évolution sociale, par laquelle tous les pays ont
passé.

Avant d'arriver à la liberté, l'agriculture a commencé, comme toutes les autres industries, par la réglementation. Quand la propriété était collective, on pouvait considérer le système des cultures obligatoires
comme une nécessité ; mais lorsque la propriété devint
individuelle, toutes les entraves qui auraient dû disparaître avec la disparition de l'exploitation en commun,
se maintinrent pendant longtemps encore et beaucoup
d'entre elles existent de nos jours (1).

Quoi qu'il en soit d'ailleurs et quelle que soit la valeur
que l'on accordera à ces raisons, il n'en est pas moins
vrai que le monopole a engendré des abus nombreux dont
le fellah a souffert, sans grand profit pour le commerce
général du pays, qui se serait beaucoup plus développé
sous un régime de libre concurrence. D'ailleurs, l'extension des attributions de l'État n'est jamais un bien, et

(1) V. M. CAUWÈS. Cours d'Économie Politique, tome I,
page 183 84.

lorsque, dépassant la limite de ses fonctions naturelles, il veut devenir commerçant ou industriel, il ne fait, croyons-nous, qu'entraver l'initiative privée, sans en retirer de grands avantages pour lui-même. L'école libérale a fait son procès à la doctrine du socialisme d'Etat et a donné de très bonnes raisons qui s'opposent à l'extension des attributions de l'Etat ; elle a démontré que « *l'Etat propulsif* » n'est pas à désirer. M. Paul Leroy-Beaulieu combat aussi victorieusement cette doctrine, en démontrant que l'Etat est, comme toute collectivité hiérarchique, dépourvu de l'esprit d'invention ; qu'il est un organe critique, un organe de coordination, de généralisation, de vulgarisation et pas plus (1).

Il faut ajouter à cela que l'Etat manque d'initiative et d'activité, parce qu'il n'est pas soumis à l'aiguillon de l'intérêt personnel et de la concurrence, qu'il ne présente aucune supériorité sur les individus au point de vue de la capacité, de l'impartialité et de l'esprit de suite, et enfin, et surtout, que l'Etat moderne est organisé presque partout en vue de ses fonctions économiques (2).

Si nous avons jugé utile de rappeler cette discussion théorique, c'est pour montrer que, malgré le génie de Mohamed Ali et sa ferme volonté de réussir, qui accomplit des miracles, ses essais de socialisme d'Etat ne pouvaient donner de bons résultats et l'insuccès qu'ils eu-

(1) *L'Etat moderne et ses fonctions.*
(2) Charles GIDE. — *Principes d'Economie politique.*

rent fournit un argument de plus à la thèse de ceux qui combattent cette doctrine. D'abord, le régime du monopole ne produisit rien de bon, et les abus nombreux auxquels il donna lieu et dont nous avons signalé quelques-uns plus haut, le firent abandonner par Saïd pacha.

D'autre part, Mohamed Ali, épris de la civilisation européenne et désireux de faire bénéficier son pays de tous les bienfaits de cette civilisation, avait essayé d'acclimater la grande industrie en Egypte. C'était une nouvelle application du socialisme d'Etat.

C'était aussi un projet bien audacieux et dont un autre n'aurait jamais osé tenté l'exécution.

L'Egypte sortait à peine du chaos où l'avait plongée la domination tyrannique des Mamelouks ; vouloir que ce pays sans ressort et sans vie se transformât, comme par enchantement, en pays industriel ; que le fellah, arrivé au dernier degré de l'abjection, presque de l'abrutissement, devînt tout de suite un ouvrier intelligent, expert, capable de travailler comme l'ouvrier européen, c'était vouloir l'impossible. Mais on a dit que, pour les grands esprits et les volontés fortes, le mot impossible n'existe pas. Mohamed Ali n'eut qu'à vouloir, à prononcer le *fiat* créateur, et l'on vit s'élever, dans tous les chefs-lieux des provinces, sous la direction de M. Jumel, de belles filatures de coton. « Dans les premiers temps et sous les yeux du directeur, elles donnaient de fort beaux résultats comme travail, jamais pécuniairement ;

les cotons étaient filés au plus fin numéro et même on
en vendait sur les marchés des Indes... (1) »

Cette industrie occupait plus de 20,000 ouvriers. Bientôt usines et filatures durent être fermées.

Mohamed Ali avait créé également des fabriques de
tarbouches (fez), des nitrières, des indigotières, etc. Mais
tous ces établissements industriels montés à tant de frais,
n'eurent qu'un succès éphémère et furent bientôt fermés(2).

(1) LINANT DE BELLEFONDS pacha. — Mémoires, loc. cit.

(2) La grande industrie peut-elle réussir en Égypte comme en
Europe ? La question est discutée. M. Linant semble dire que non,
et la principale raison qu'il donne c'est l'impossibilité de conserver
des machines aussi délicates que celles des filatures, l'été, pendant
les fortes chaleurs de mai et de juin, « où l'atmosphère est comme
« une fournaise, où la poussière est partout en suspension dans l'air,
« poussière qui pénètre partout et détériore tout. » A cette raison,
on ajoute celle, très importante, du défaut de combustible. Le bois
manquant aussi bien que la houille, les produits de l'industrie
égyptienne ne pourraient, dit-on, soutenir, sur le marché, la concurrence avec les produits d'Europe. Il ne faut pas oublier, non plus,
que l'ouvrier égyptien ne peut être considéré que comme un apprenti
très inférieur, quand on le compare à son concurrent, l'ouvrier européen, qui a acquis, par son long stage dans les usines, une habileté
merveilleuse.

Ces raisons suffisent-elles à condamner à l'insuccès toute tentative
pour acclimater l'industrie cotonnière en Égypte ? Nous ne le pensons pas.

Et d'abord, nous ne croyons pas que la poussière rende impossible la conservation des machines à filer, lorsque nous voyons,
dans les laboratoires de chimie, des instruments bien plus délicats
se conserver très bien. Rien de plus facile, en effet, que d'empêcher
la poussière d'arriver jusqu'à ces machines, à l'époque des grandes
chaleurs.

Inutile d'insister.

Quant à l'inexpérience des ouvriers égyptiens, elle ne peut faire
obstacle que dans les premiers temps.

L'esprit d'assimilation qui existe chez l'Égyptien à un degré mer-

C'est une nouvelle et éloquente condamnation de la théorie du socialisme d'État. En effet, si ces usines étaient fatalement condamnées d'avance, le gouvernement a fait preuve d'une grande imprévoyance en les montant, et il est certain que les particuliers, laissés à leur propre initiative, n'auraient jamais risqué leurs capitaux dans une affaire aussi mauvaise.

Si, au contraire, le gouvernement vice-royal n'a pas eu l'aptitude nécessaire pour diriger ces établissements industriels avec la même habileté que les particuliers, et s'il faut chercher dans cette inaptitude la cause de la chute de ces industries, rien ne prouve que les autres gouvernements seront mieux doués à cet égard ; et comme l'expérience qu'il faudrait faire pour le savoir serait très coûteuse, il est peut-être sage de s'en abstenir.

Cette part faite à la critique, nous devons rendre à

veilleux, joint à ses qualités d'endurance et de force si souvent vantées, fait supposer qu'il ne tardera pas à devenir un concurrent sérieux pour l'ouvrier d'Europe. D'ailleurs, le travail qu'il fournit dans les quelques industries existant à l'heure actuelle chez nous, démontre surabondamment l'exactitude de notre affirmation.

Quant au manque de combustible, il est contrebalancé, ou à peu près, par le bon marché de la main-d'œuvre en Égypte, et par l'existence de la très grande partie du coton à filer dans le pays même. Le succès de l'industrie cotonnière dépend donc d'une initiative éclairée que le gouvernement ne contrarierait pas, par la perception de droits exorbitants ou autrement. Jusqu'à présent, il faut le dire, la véritable pierre d'achoppement a été l'opposition de l'Angleterre qui a usé de tous les moyens, afin de décourager toute tentative de ce genre chez nous, dans l'intérêt de ses manufactures. Quoi qu'il en soit, il vient de se former dernièrement, une société anonyme anglaise, dans le but de monter au Caire une filature de coton. L'avenir se chargera de nous apprendre si elle réussira.

Mohamed Ali cette justice qu'il a tout fait pour améliorer le sort du fellah.

« Sa sollicitude pour les intérêts de son peuple n'eut
« d'égal que son dévouement à la chose publique ; et
« son règne entier ne fut qu'une longue suite de sages
« réformes qui toutes tendirent à la régénération d'un
» peuple si longtemps opprimé par des principes injustes
« et barbares (1). »

« Dans son immense activité, dit un biographe, il a
« trouvé du temps et des forces pour veiller aux plus
« minces détails de l'œuvre immense qu'il entreprenait,
« il lui a fallu raviver, ressusciter un peuple malgré lui,
« lutter sans cesse au dedans et au dehors, toujours
« veiller, se tenir constamment en garde, tout détruire
« d'une main et de l'autre tout refaire à neuf. » Nous
sommes heureux de pouvoir invoquer également, à l'appui de ce que nous avons écrit de Mohamed Ali, le témoignage d'un homme compétent autant qu'impartial, mort
récemment : M. Benedetti, Consul de France au Caire
au moment où régnait Mohamed Ali. Il rend un hommage éclatant à l'œuvre civilisatrice accomplie par ce
prince, et relate tous les progrès économiques et politiques dus à son intelligence et à son activité. Cela se
trouve dans les Mémoires de M. Benedetti, publiés
après sa mort, et ce témoignage que rend au grand prince

(1) Alexandre RONCHETTI. — L'Egypte et ses progrès sous Ismaïl
pacha.

un diplomate, écrivant dans toute la sérénité de sa conscience, a une haute valeur d'équité.

Les Barrages (que l'on qualifie en langue arabe de bienfaisants) commencés par Mohamed Ali, ainsi que les innombrables travaux d'utilité publique, exécutés sous son règne, la sécurité rétablie par son fils Ibrahim Pacha qui délivra le pays des redoutables Bédouins, Alexandrie (1) redevenue une ville de commerce importante et reliée à l'intérieur de l'Égypte par le canal Mahmoudieh ; voilà quelques-unes des réformes accomplies par Mohamed Ali. Les germes d'une civilisation réelle étaient donc semés. Aux héritiers de ce prince devait incomber le devoir de parfaire son œuvre.

(1) La découverte du Cap de Bonne-Espérance, en changeant la route des Indes, porta un coup mortel à la ville d'Alexandrie et fit décroître rapidement son commerce ; ce commerce arriva à l'anéantissement le plus complet sous la domination barbare des Mamelouks. A l'avènement de Mohamed Ali, cette ville, qui comptait jadis plus de 300,000 habitants, n'en avait plus que 8 000. Le voyageur Norden écrivait, au xviii* siècle, que la ville d'Alexandrie ressemblait à un orphelin dont les parents illustres ne lui auraient laissé que le nom.

CHAPITRE III

SITUATION DU FELLAH SOUS LES SUCCESSEURS DE MOHAMED ALI.

PREMIÈRE SECTION

LE FELLAH SOUS ABBAS Ier.

Le règne d'Abbas Ier n'est marqué par aucun progrès ; il fut, au contraire, un retour à la tyrannie et aux désordres anciens. Abbas Ier fut, dans sa jeunesse, l'objet de toute la sollicitude de Mohamed Ali, qui lui fit donner une excellente éducation. Mais, dès qu'il s'empara du pouvoir, après le très court règne d'Ibrahim pacha, il s'écarta de la voie que lui traçaient son éducation et l'exemple de son aïeul.

Justement émue de ces mauvaises dispositions, la Sublime Porte l'invita à mettre en vigueur en Égypte le *Khatti Chérif de Gul Hané* et le *Tanzimat*, c'est-à-dire à rendre obligatoire, dans la vallée du Nil, la réorganisation administrative dont le Sultan Mahmoud avait jeté les bases et que son successeur avait proclamée.

C'était exiger du vice-roi le respect de la propriété privée, l'abolition de la confiscation, de la bastonnade, l'interdiction des corvées et la limitation du service militaire.

Abbas Ier hésita beaucoup à accepter l'introduction en Égypte de ces réformes humanitaires; mais, devant l'attitude ferme et résolue de la Porte, il dut céder.

En fait, rien ne fut changé, et ce n'est que bien après que l'Égypte devait jouir de ces salutaires réformes.

Signalons enfin qu'Abbas Ier réduisit les effectifs des armées de terre et de mer et le nombre des fonctionnaires (surtout européens), ce qui lui permit de diminuer les impôts.

DEUXIÈME SECTION

LE FELLAH SOUS MOHAMED SAÏD PACHA.

Si le principal titre de gloire de Saïd pacha, successeur d'Abbas Ier, est le patronage qu'il accorda à l'entreprise gigantesque du percement de l'isthme de Suez, il a également droit à l'estime de la postérité par les réformes nombreuses dont son règne fut rempli. Tous ses efforts furent consacrés à la continuation de l'œuvre civilisatrice ébauchée par son père et interrompue par son prédécesseur. Grâce à son initiative personnelle, aux investigations qu'il fit pour connaître par lui-même, au moyen de nombreux voyages dans toute l'Égypte, et même au Soudan, les doléances de son peuple et les

réformes urgentes que réclamait le pays, toutes les
branches de l'administration, la justice, le système de la
propriété foncière, les finances furent l'objet d'heureuses
modifications. Il inaugura son règne par la suppression
du monopole, dont les multiples inconvénients avaient
fini par frapper tous les yeux.

Désormais, le fellah n'est plus tenu à faire certaines
cultures indiquées par le gouvernement. Il est libre de
cultiver son champ comme il lui plait et ses produits lui
appartiennent en propre; il peut les vendre à qui il veut
en débattant lui-même le prix. D'autre part, les impôts
ne se payent plus qu'en argent, et cette nouvelle réforme
fut fructueuse pour le Trésor, car elle lui procura une
augmentation de 25 % (1).

Saïd pacha partagea les terres non cultivées entre les
cheiks des villages et les chefs de famille, et cette distribution fut consignée dans des registres publics, qui
tinrent lieu de titres de propriété (2).

En outre, le vice-roi encourageait les fellahs au
travail en exonérant les terres nouvelles de tout impôt,
dans les premiers temps, et en les grevant ensuite d'une
légère imposition, qui allait croissant, à mesure que
s'amélioraient ces terres. Ce système existe encore aujourd'hui, ce qui en démontre l'excellence. Il prenait
également d'autres mesures ayant pour but de rendre

(1) A. GUILLEMIN. — *L'Egypte actuelle, son agriculture et le
percement de l'isthme de Suez.* Paris, 1867.
(2) V. A. GUILLEMIN. — *Loc. cit.*.

au fellah la confiance et la sécurité nécessaires au développement économique et au progrès. Nous en signalerons quelques-unes.

a). Sous Mohamed Ali, on avait établi le principe de la solidarité de toutes les communes pour le paiement des impôts, de sorte que, lorsqu'une d'elles ne payait pas, sa voisine devait payer pour elle (1). Ce régime anti-économique avait eu pour résultat de surcharger certains villages des contributions des voisins, qui venaient s'ajouter à leur contribution propre. Et comme il devenait impossible, même aux circonscriptions les plus prospères, d'acquitter tout ce que réclamait le fisc, le solde dû était reporté à l'année suivante et il augmentait fatalement tous les ans, se grossissant sans cesse d'arriérés et de dettes nouvelles. Le résultat que produisit ce système fut qu'à l'avènement de Saïd pacha, plusieurs villages portaient encore le poids de dettes anciennes. Ce prince les dégreva et abolit en même temp le principe de la solidarité en matière d'impôt.

b). On avait admis, sous les règnes précédents, le système des douanes intérieures, sans doute pour subvenir aux besoins toujours croissants du Trésor (2). Les inconvénients économiques de ce système furent très grands. Saïd pacha supprima ces douanes.

c). Le service militaire, qui pesait jusqu'alors presque

(1) V. A. GUILLEMIN. — *Loc. cit.*
(2) GUILLEMIN. — *Loc. cit.*

exclusivement sur les pauvres fellahs, fut rendu obligatoire pour toutes les classes, par suite d'un système de
recrutement qui appela indistinctement tous les jeunes
égyptiens sous les drapeaux.

d). Saïd pacha ne négligea pas non plus les travaux du
Nil, indispensables à la prospérité de l'Égypte; il entreprit ou continua plusieurs travaux d'utilité publique.
C'est à lui que revient l'honneur d'avoir achevé les barrages du Nil, commencés sous le règne de Mohamed Ali
et que Abbas I⁰ⁿ ne voulut pas continuer.

e). « En même temps, dit un biographe, qu'il rempla-
« çait l'impôt en nature par l'impôt en argent, le vice-
« roi s'appliquait à fonder le crédit de son pays sur la
« bonne gestion des revenus publics. » Et il ajoute que
l'Égypte pouvait compter à cette époque parmi les États
musulmans dont le crédit est le mieux assis, ainsi que l'a
démontré le succès de l'emprunt de 40 millions que le
gouvernement égyptien a contracté à Londres, en août
1860, pour liquider une partie de sa dette flottante.

f). Le commerce recevait également une grande impulsion sous le règne de ce prince, et l'or qui afflua en
Égypte justifie la qualification d'heureux que l'opinion
publique a attachée à son règne.

Souvent il répétait lui-même, se servant d'un jeu de
mots auquel prêtait la signification de son nom en
arabe (1) « Qui ne peut devenir heureux durant le règne
de Saïd, ne le sera jamais. »

(1) Le mot *Saïd* veut dire : heureux, fortuné.

Le fellah surtout était en droit de bénir ce règne qui
avait allégé ses charges, qui, en supprimant le monopole,
lui avait rendu la libre disposition de ses produits et lui
avait permis de retirer le profit de ses peines, de donner
un libre essor à son intelligence, de jouir enfin de sa personnalité.

TROISIÈME SECTION

LE FELLAH SOUS ISMAÏL PACHA.

Dans son discours d'intronisation, en présence des
corps diplomatique et consulaire réunis, Ismaïl pacha,
succédant à son oncle Saïd, déclara vouloir marcher dans
la voie suivie par son prédécesseur, maintenir les institutions nouvelles et continuer l'œuvre de réforme. Les
premières années de son règne justifièrent pleinement
ces promesses, et les espérances que l'on était en droit de
fonder sur un prince instruit et éclairé comme il l'était.
D'ailleurs, les circonstances elles-mêmes semblaient vouloir lui apporter leur concours, pour faire le bonheur du
peuple et augmenter la richesse publique. La guerre de
sécession éclatait, paralysant l'agriculture de l'Amérique. Une grande extension fut donnée à la culture du
coton en Égypte et le producteur égyptien, devenu
maître du marché, vendait ses produits à des prix exorbitants. Tant que dura la guerre des États-Unis, ce fut
l'âge d'or dans notre pays, et le fellah salua avec joie l'aurore de son relèvement définitif.

Le nouveau vice-roi inaugurait son règne en décrétant la suppression de la corvée (1), qui était avec les peines corporelles ce que le fellah maudissait le plus. Ce fut la source de démêlés avec la Compagnie du canal de Suez qui se plaignit d'être privée du concours apporté jusqu'alors par les fellahs ; les travaux du canal furent suspendus, les chantiers devinrent déserts. Cet état de choses dura plusieurs mois, jusqu'à ce que la décision arbitrale de Napoléon III vint trancher les difficultés. Nous aurons, dans la suite, l'occasion d'insister sur ce point.

Ismaïl pacha essaya aussi de constituer un parlement égyptien, sorte de chambre des députés qui, sans répondre au programme des gouvernements représentatifs, s'occupât du moins assez sérieusement des questions relatives aux réformes judiciaires, aux impôts, aux irrigations et à diverses matières administratives.

D'autre part, le Khédive faisait des efforts louables pour la diffusion de l'instruction, la bonne administration de la justice. Il voulait aussi introduire dans son pays tous les progrès de l'Europe dont il avait pu apprécier lui-même les bienfaits durant ses voyages, et dont il était très enthousiaste. Et c'est malheureusement ce désir qui fut pour lui l'écueil fatal ; c'est cet amour d'une civilisation à outrance dont il voulait doter son peuple et

(1) Cette suppression ne fut qu'un trompe-l'œil, comme nous le verrons dans la suite.

où celui-ci devait trouver plus de déboires que de pro-
fits, qui obéra son Trésor et occasionna sa chute. A ce
légitime désir s'étaient joints aussi, il faut le dire,
d'autres rêves ambitieux, comme celui de la création
d'un vaste empire arabe comprenant l'Egypte et la Syrie,
empire sur lequel il voulait régner ; les dépenses qu'il fit
pour tâcher de réaliser ce rêve contribuèrent également
à épuiser les finances du pays. Il ne nous appartient pas
de rappeler ici les complications financières que tout le
monde connait et qui amenèrent les puissances à s'ingé-
rer dans les affaires du pays, puis à exiger l'abdication
du Khédive.

Jusque là, et afin de combler le déficit sans cesse croissant du Trésor, le vice-roi avait dû recourir à tous les
moyens et ce fut naturellement au fellah qu'on fit payer
les prodigalités du prince. Le gouvernement exigea toutes
sortes de taxes supplémentaires, venant s'ajouter au
principal de l'impôt foncier et atteignant, ou parfois
dépassant le chiffre de celui-ci ; ce furent tantôt des aides
en argent pour la guerre, ou pour les travaux publics ou
l'irrigation, tantôt une surtaxe du sixième de l'impôt
principal. Dans le plus petit centre, dès qu'on peut dire
qu'il se fait quelque commerce, on perçoit des taxes. Les
petits métiers, les petites industries sont frappés de
droits ainsi que les aliments et les vêtements du fellah.
« Il existait, écrit un contemporain, dans un village, il y
« a 25 ans, un barrage qui donnait lieu à la perception
« d'un droit de pêche ; le canal a disparu, le droit de

« pêche a subsisté et est réparti sur les terres de quatre
« villages, à raison de 5 paras par feddan (1). »

Pour payer ces nombreux impôts qu'on exigeait de lui
par tous les moyens, et surtout par les châtiments corpo-
rels, le malheureux fellah devait recourir à des usuriers
qui achevaient sa ruine dans un court espace de temps.
Ce qui rendait ces multiples impositions encore plus
odieuses, c'est que les grands propriétaires indigènes y
échappaient le plus souvent, et les propriétaires étrangers n'y étaient pas soumis ; elles ne pesaient donc que
sur la classe la plus pauvre et la plus digne de commi-
sération.

En définitive, l'arbitraire le plus absolu régnait dans l'assiette des impôts, dans leur recouvrement, dans leur établis-
sement. On ne peut savoir si l'impôt était, à cette époque,
de quotité ou de répartition. Pas d'époque déterminée pour
son exigibilité. Sur l'ordre envoyé par le ministre des
finances au gouverneur d'une province (Moudir) de percevoir telle somme, celui-ci la répartit entre les villages,
et le cheik de chaque village perçoit la somme qui lui
est fixée par le Moudir de qui il peut et comme il le peut.
« Le cheik exécute les ordres du Moudir, le Moudir ceux
« de l'inspecteur général qui, lui-même, agit par ordre
« supérieur. Cet ordre supérieur, c'est la loi. Les agents
« du gouvernement s'y conforment, fût-il verbal, et il

(1) Cité par H. PENSA, dans son livre : *L'Egypte et le Soudan
Egyptien*, p. 12, 1895, Paris. — *Le para* (1/40 de piastre tarif) vaut
0 fr. 006480. *Le feddan* correspond à 4200 mèt. car. 833,333.

« ne vient à l'esprit des contribuables ni d'en contester
« l'existence, ni de protester contre sa teneur. Pour les
« impôts, le fellah ne peut se plaindre : il sait qu'on
« agit par ordre supérieur. C'est le gouvernement lui-
« même qui les réclame ; à qui voulez-vous qu'il se
« plaigne (1) ? »

Naturellement, un pareil système fiscal dont la rigueur
était sans cesse accrue en raison des exigences nouvelles
d'un Trésor aux abois, tarissait la fécondité de l'Egypte.
Pour échapper aux extorsions du fisc, il faut être pauvre,
et dès que le fellah se voit entre les mains quelque argent,
il s'empresse de l'employer à des dépenses improduc-
tives. Des ventes par anticipation des récoltes, des
emprunts à des taux s'élevant à 7 % par mois faisaient
que la petite propriété tendait à disparaître (2). La thésaurisation qu'engendrent partout la tyrannie et l'insécurité, fut en honneur chez toutes les classes de la
société, car, les plus riches n'étaient pas à l'abri des
demandes d'argent que le gouvernement leur faisait,
sous les prétextes les plus futiles, et auxquelles il leur
était impossible de ne pas répondre.

Le gouvernement khédivial, qui s'enfonçait tous les
jours davantage dans les embarras financiers, voulut
essayer également de s'en tirer au moyen du rachat de
l'impôt foncier : ce rachat fut appelé la *moukabalah*.

(1) Rapport préliminaire de MM. E. BARING et A. KRAMER,
6 août 1878. *Livre jaune. Affaires d'Egypte*, 1880, p. 28 à 107.
(2) Henri PENSA. — *L'Egypte et le Soudan égyptien*, 1895, Paris.

Avec les sommes qu'elle procurerait, le gouvernement avait l'intention, disait-il, d'amortir sa dette flottante. L'idée n'était pas neuve et l'on peut dire que tous les financiers ingénieux, dans les moments de gêne, ont toujours pensé au rachat, comme au moyen le plus commode et le moins coûteux pour procurer de l'argent à l'Etat. L'Etat, grâce à cette combinaison, peut se procurer les fonds nécessaires, sans que cela lui coûte le moindre intérêt, il en est quitte pour faire l'abandon d'une taxe qu'il percevait. En théorie, la combinaison se défend assez bien. Si l'on considère que l'impôt foncier est une rente que le propriétaire paye à l'Etat, il est tout naturel que ce dernier, dans les moments de gêne, lui propose de se libérer du payement de cette rente périodique, au moyen d'un rachat. Mais si telle est la théorie, il faut reconnaître que la réalité des faits condamne cette opération financière à un insuccès presque certain.

Il est bien rare, en effet, que l'Etat y apporte toute la loyauté nécessaire et qu'il se fasse scrupule de tenir, vis-à-vis des racheteurs, des engagements qu'il lui est si facile de tourner, en rétablissant l'impôt supprimé sous une autre forme, et qu'il est toujours fortement tenté de violer, car on ne peut facilement se résigner à laisser pour toujours sans impôt la partie la plus belle et la plus enviée de la fortune publique: C'est ce que comprennent très bien les propriétaires fonciers de tous les pays et

cela explique leur défiance et leur extrême circonspection à l'égard du rachat (1).

En Angleterre, le ministre Pitt avait inventé en 1798
le rachat de la *landtax*. Jusqu'en 1868-69, quoique l'opération se fût prolongée pendant 70 ans, et que le gouvernement anglais l'eût conduite avec une loyauté rare, elle
n'eut qu'un succès partiel, et plus de la moitié de la *landtax* ne fut pas rachetée (2).

Malgré que l'exemple de l'Angleterre ne fût pas très
engageant, Ismaïl Pacha, à bout de ressources, résolut
de le suivre. Il fit étudier la question du rachat par son
Conseil privé et, dans son décret du 30 août 1871 insti-
tuant la Moukabalah, il dit : « Nous avons pris connaissance de la délibération ci-jointe de notre Conseil privé,
qui indique des mesures propres à améliorer la situation
financière de l'État, tout en augmentant le bien-être et
la prospérité générale, et en assurant la marche du pays
dans la voie du progrès. » Suivait la loi de la Moukabalah, qui portait dans son *article 1er* : « Les contribuables,
qui voudront obtenir les avantages ci-après définis,

---

(1) V. M. P. LEROY-BEAULIEU. — *Traité de la science des Finances*, t. I, p. 349-350. P. Leroy-Beaulieu ajoute, et nous partageons
entièrement sa manière de voir, que, non seulement l'entreprise offre
peu de chances de réussite, mais qu'elle « ne fournirait d'ailleurs que
de minces ressources ; l'emprunt simple et à ciel ouvert est le plus
sûr moyen pour trouver des capitaux considérables dans des besoins
extraordinaires ; il est inutile de subtiliser et de chercher d'autres
combinaisons. »

(2) P. LEROY-BEAULIEU. — Ouvr., *loc. cit.*, tome I, page 350 et
suivantes.

devront, en échange, verser au Trésor une somme *égale à six années* de leur contribution foncière, sur la base de l'impôt fixé pour l'année courante. »

Art. 3. « Tout contribuable qui aura versé au Trésor une somme égale à six années de ses contributions foncières, sera dégrevé à *perpétuité de la moitié* de ses contributions, moitié calculée sur la base de ce qu'il paie actuellement à l'État. *L'impôt frappant les dites propriétés, quelle que soit leur nature, ne pourra être augmenté sous aucune forme ou pour aucun motif.* »

Comme on le voit, l'opération était avantageuse et de nature à tenter plus d'un. Les autres articles de la loi de 1871 sont pleins d'alléchantes promesses. Le contribuable pouvait verser au Trésor, dès la promulgation de la loi, la totalité du prix de rachat, c'est-à-dire six fois l'impôt foncier qu'il paie chaque année. Dans ce cas, un dégrèvement de 50 0/0 sur son impôt foncier lui était accordé immédiatement. Ou bien, il pouvait payer cette même somme en six annuités (un décret du 20 juin 1873 permit de la payer en douze annuités égales, à partir du 10 septembre de la même année). Dans ce dernier cas, des dégrèvements calculés à un taux de 8 1/3 % sur les sommes en capital versées au Trésor, devaient être accordés au contribuable au fur et à mesure que s'effectuaient ces paiements successifs. Cela veut dire que, tant que le prix de la Moukabalah n'est pas entièrement versé, le contribuable ne bénéficie pas de la réduction de moitié promise par la loi. Il continue donc à payer l'im-

pôt foncier en même temps que les annuités du rachat ;
mais au fur et à mesure du versement de ces annuités,
la charge foncière qu'il doit se trouve réduite, et la
réduction qui lui est accordée est égale aux 8 1/3 %
des annuités payées. En somme, c'est l'intérêt de son
argent calculé à raison de 8 1/3 % dont bénéficie le
contribuable au fur et à mesure des versements qu'il
effectue, et cela jusqu'au complet paiement de six années
d'impôt : c'est alors seulement que sa contribution foncière sera réduite de moitié, conformément à l'art. 3 de
la loi de la Moukabalah.

Afin de mieux faire comprendre cette explication, com-
plétons-la par un exemple. Un contribuable paye une
cote foncière annuelle de 100 francs. Pour qu'il bénéficie
des avantages attachés à la Moukabalah, il faut qu'il
verse une somme égale à six fois sa cote foncière annuelle,
soit 600 francs. S'il opère ce versement en une fois, les
avantages de la Moukabalah lui sont immédiatement
accordés et sa contribution annuelle devient de 50 francs
seulement. Mais s'il veut payer le prix du rachat en six
fois et que chaque année il verse, en même temps que les
100 francs de sa cote foncière, 100 francs en acompte
sur le prix du rachat, ces 100 francs produiront pour lui
8 francs 1/3 d'intérêt, et cet intérêt sera déduit de sa
contribution foncière, qui sera donc, d'ores et déjà, dimi-
nuée de 8 francs 1/3. Au bout de la deuxième année,
s'il fait un autre versement de 100 francs en vue du
rachat, une nouvelle réduction de 8 francs 1/3 lui est

accordée, et ainsi de suite jusqu'à ce qu'il ait payé la totalité des 600 francs qui forment le prix du rachat exigé de
lui. Alors, mais alors seulement, sa cote foncière sera
réduite de moitié et, au lieu de payer 100 francs tous les
ans, il ne payera plus que 50 francs.

Au succès de la combinaison, il ne manquait qu'une
seule chose : la loyauté du gouvernement S'il s'était simplement agi d'aliéner une rente foncière, en en touchant
douze fois le montant, dans le but de payer des dettes
portant intérêts à 12 %, l'opération eût été bonne (1).

Mais le gouvernement, cela était certain, ne songeait
nullement à apporter à cette opération la franchise et la
loyauté voulues. Il ne pensait qu'à lever de grosses sommes d'argent, et son idée de derrière la tête était, à
l'expiration de la Moukabalah, de rétablir l'impôt foncier sous une autre forme.

Comment espérer, d'ailleurs, que le gouvernement
consentira à abandonner pour toujours l'impôt foncier
aux racheteurs, dans un pays éminemment agricole
comme celui-ci, où cet impôt est la seule importante ressource du Trésor ?

Comme on le disait à Ismaïl pacha, non sans raison,
dans un tel pays, il est contraire aux vrais principes financiers que le gouvernement, pour faire face à des difficultés temporaires, engage l'avenir au point non seulement de fixer l'impôt foncier à un chiffre minime, mais

_____

(1) V. P. LEROY-BEAULIEU. Ouvr., *loc. cit.*, t. I, page 352,

aussi de prendre pour un temps indéfini l'engagement de
ne pas l'augmenter (1). « Un Etat, dit M. P. Leroy-Beaulieu, ne doit jamais renoncer à un impôt foncier existant, non plus qu'au droit de le modifier pour le rendre
toujours proportionnel aux revenus des terres. Non seulement on nuit aux intérêts du Trésor, mais on choque
la conscience publique en affranchissant d'un impôt proportionnel une des branches les plus importantes de la
richesse des nations modernes (2). » Cette considération
est vraie pour l'Egypte plus que pour n'importe quel
pays.

Le fellah, malgré sa simplicité toute primitive et au
moyen de son seul instinct, l'avait bien compris ainsi. Sa
confiance dans le gouvernement du Khédive, toujours
gêné et multipliant sans cesse les taxes et les vexations,
n'était pas bien grande. D'ailleurs, sa nature défiante et
son peu de goût pour toutes les opérations financières
le disposaient mal envers celle qu'on lui proposait.

Son pressentiment, pour cette fois, ne le trompa
point. Malgré l'engagement qu'il prenait dans la loi de
n'augmenter l'impôt, réduit par la Moukabalah, « *sous
aucune forme et pour aucun motif* », le gouvernement,
à diverses reprises, imposa des taxes additionnelles qui

(1) V. Rapport du ministre des finances à S. A. le Khédive relativement à l'abrogation de la Moukabalah (26 décembre 1879). Répertoire Ph. GELAT.
(2) V. P. LEROY-BEAULIEU. Ouvr., *loc. cit.*, t. I, page 352.

frappèrent même les terres pour lesquelles la Moukabalah avait été payée en entier (1).

Il semblait, qu'à l'égard de la Moukabalah, on eût
pleine liberté. Les termes de la loi ne laissaient aucun
doute sur le caractère facultatif de l'opération. L'art. 1er
le disait clairement : « les contribuables *qui voudront
obtenir les avantages* ci-après définis » *et l'art.* 22 con-
firmait cela, en disant : « les versements (de la Moukabalah) étant *facultatifs* et non obligatoires. »

Tout cela cependant n'était qu'une apparence trom-
peuse. Le gouvernement voulait de l'argent à tout prix
et il fallait que la Moukabalah, qu'il avait inventée, lui
en procurât. La force eut raison de la résistance du
fellah, pour qui la liberté a toujours été un leurre, et les
autorités administratives, impérieusement obligées de
procurer de l'argent au Trésor, surent bien le con-
traindre à prendre goût à l'opération financière que le
gouvernement proposait à son arbitre.

La Moukabalah, imposée aux populations des campagnes par la force brutale, n'a cependant pas produit
beaucoup. Il résulte d'une enquête détaillée, faite en 1878,
que les contribuables n'acquittaient même pas la Moukabalah, car la totalité des versements qu'ils effectuaient,
dans le courant de l'année, entre les mains des percepteurs, était à peine supérieure au montant des impôts

(1) V. Rapport du ministre des finances du 26 décembre 1879,
loc. cit.

qu'ils devaient, abstraction faite de la Moukabalah (1).
Si donc on avait commencé, comme cela était rationnel,
par imputer les versements faits par les contribuables
sur les impôts ordinaires dus par eux, il ne serait resté
que des sommes insignifiantes au crédit de la Moukabalah. Cela s'explique parfaitement; le paiement de la
Moukabalah, en même temps que l'impôt foncier, si
onéreux déjà à lui tout seul, constituait une charge tellement lourde, qu'ils étaient bien rares les contribuables
capables de l'acquitter, malgré les nombreux coups de
courbaches et les plus grandes cruautés.

Heureusement pour le fellah, la réforme des finances
de l'Egypte et l'intervention de l'Europe vinrent arrêter
cette désastreuse opération.

La Moukabalah fut supprimée par un décret khédivial du 6 janvier 1880 et les impôts furent ramenés à
leur taux primitif, tel qu'il était avant les réductions
résultant du paiement du rachat.

Déjà un décret du 7 mai 1876, époque de l'unification
de la Dette, avait arrêté les opérations du rachat, en
accordant à ceux qui ont fait des anticipations les droits
et privilèges qui leur auraient été définitivement acquis
sur la propriété, seulement après paiement intégral de
la Moukabalah. En même temps, le gouvernement
annonça son intention de prendre des mesures équitables,

(1) V. Rapport du Ministère des Finances au Khédive relativement à la suppression de la Moukabalah (décembre 1879). Répertoire Gelat.

soit pour la restitution des anticipations faites, soit pour une réduction proportionnelle d'impôt. Toutefois, aucune mesure de ce genre n'a jamais été mise en vigueur et il est à observer que le même décret qui a arrêté l'opération de la Moukabalah contenait des évaluations de recettes dans lesquelles on persistait à tenir compte de revenus provenant de la Moukabalah même ! ! D'ailleurs elle ne devait pas être longtemps suspendue.

Par un décret du 18 novembre 1876, « considérant que la suppression de la Moukabalah soulevait des objections unanimes de la part des intéressés et que la Chambre des délégués avait émis le vœu qu'elle fût maintenue », elle a été rétablie et considérée comme n'ayant jamais cessé d'être en vigueur.

Toutefois, des modifications importantes y furent alors apportées, l'une s'appliquant aux privilèges accordés aux contribuables et l'autre à l'emploi des fonds versés au Trésor. Pour les contribuables, il fut statué que les réductions annuelles de l'impôt foncier « produites par les effets de la Moukabalah ne seraient appliquées qu'à partir de l'année 1886 ».

Quant à l'emploi des fonds versés au Trésor, la combinaison financière du décret du 18 novembre 1876 assurait l'affectation de la plupart des fonds provenant de la Moukabalah à l'amortissement de la Dette. Car, jusque là le produit de la Moukabalah n'avait pas été affecté à ce service, quoique « l'emploi de ces fonds à l'extinction de la Dette pût seul, en quelque mesure, justifier l'adoption

d'une loi financière qui compromettait l'avenir à un si
haut degré (1). »

Enfin, le *décret du 6 janvier 1880* supprima définitivement la Moukabalah, comme nous l'avons déjà dit. La
loi de liquidation du 17 juillet 1880 (titre IV) régla l'indemnité due aux propriétaires fonciers qui ont fait des
versements réguliers de la Moukabalah. L'indemnité, fixée
« à un chiffre annuel de 150,000 L. Eg., sera répartie
« entre ces propriétaires au prorata de la créance nette
« de chacun et sera inscrite sur le Wird (extrait du rôle
« des contribuables) en diminution de leur impôt foncier,
« et cela pendant une durée de cinquante ans (2). »

Les usuriers et les spéculateurs guettant toujours une
occasion pour exploiter le fellah, avaient songé à tirer
profit de l'indemnité qu'on voulait allouer aux racheteurs.
Ils commencèrent à se faire vendre à vil prix par les pauvres fellahs, confiants et naïfs, leur droit éventuel à l'indemnité. Pour prévenir ces manœuvres frauduleuses et
empêcher toute spéculation sur le droit à l'indemnité,
les Contrôleurs Généraux adressèrent, le 25 mai 1880,
une lettre à Sir Rivers Wilson, pour demander que la
Commission de liquidation décidât et publiât l'incessibi-
lité de ce droit. La Commission y donna son adhésion par
sa lettre du 29 mai 1880 (3).

(1) Rapport du Ministre des Finances au Khédive relativement à la
suppression de la Moukabalah (Décembre 1879).
(2) V. *Loi de liquidation du 17 juillet 1880*. Ph. GELAT. Répertoire.
(3) V. Répertoire Ph. GELAT.

Il était temps que l'Europe intervint efficacement dans les affaires d'Égypte. Les dilapidations et les gaspillages du khédive Ismaïl faisaient marcher le pays vers le gouffre épouvantable de la banqueroute et le peuple, maté et habitué à courber toujours l'échine, commençait à souffrir d'une façon intolérable. Le chiffre de la dette qui, à la mort de Saïd pacha, n'atteignait pas plus de 3 millions de Liv. Eg., était arrivé en 1876 au chiffre, énorme pour ce pays, de 98 millions. L'Égypte en était donc en 1879, par rapport à ses finances, au même point que la France, à la veille de la Révolution.

L'Europe s'en émut à juste titre : ses capitaux étaient engagés dans ce pays ; ses intérêts l'obligeaient à mettre un terme au désordre financier qui n'avait que trop duré. Ce désordre à mesure qu'il augmentait, nécessita l'ingérence étrangère, puis le contrôle et enfin la mainmise de l'Europe sur l'administration intérieure du pays.

L'histoire ne doit pas, cependant, condamner impitoyablement le Khédive Ismaïl pour les malheurs qu'il attira sur l'Égypte et dont il souffrit amèrement lui-même le premier. Il était animé des meilleures intentions et voulait que son peuple atteignît à la civilisation européenne dont l'éclat l'avait ébloui.

S'il endetta le pays et ouvrit ainsi la porte à l'intervention de l'étranger, l'Égypte ne doit pas oublier qu'il l'a beaucoup aimée, et qu'il lui a fait faire un grand pas en avant dans la voie de la civilisation ; il faut qu'elle se rappelle aussi qu'il a été impudemment volé par des gens sans aveu, qui s'engraissèrent à un point incroyable au détriment du khédive et du Trésor égyptien. « Les entreprises, écrit M. Hans Resener, adjugées à des Européens par le gouvernement égyptien, et par lesquels il fut trompé d'une indigne façon sont innombrables(1). » Innombrables aussi sont les procès plus ou moins fantaisistes que les spéculateurs étrangers intentèrent au gouvernement khédivial par voie diplomatique, et qu'ils réussirent à gagner (2).

---

(1) HANS RESENER. — *L'Égypte sous l'occupation anglaise et là question égyptienne.* — Parlant des énormes abus résultant de la situation privilégiée faite aux étrangers en Égypte, M. A. MILNER écrit : « Vers les derniers temps du règne d'Ismaïl, ils (ces abus) avaient pris les proportions les plus effroyables : Européens à l'affût des concessions ; négociateurs d'emprunts; aubergistes grecs, prêteurs sur gage..., tout ce monde-là s'était engraissé à un point presque incroyable au détriment du Trésor égyptien et des pauvres cultivateurs... » *L'Angleterre en Égypte*, page 54.

(2) On raconte qu'Ismaïl pacha, recevant un jour un européen, dit à quelqu'un : « Fermez cette fenêtre, car si Monsieur s'enrhumait, cela pourrait me coûter cher. »

Les tribunaux mixtes rendirent, sous ce rapport, un service considérable au gouvernement, en le mettant « à l'abri de cette spéculation de procès inaugurée par voie diplomatique contre le gouvernement et qui mettait ses finances en péril. Au moment de l'installation des tribunaux mixtes, il y avait pour 40 millions de livres ég. (près de 1040 millions de francs) de réclamations en instance contre le gouvernement, et l'on peut juger des dommages réels qu : ces chiffres représentaient par ce fait que, dans un procès où l'on revendiquait 30 millions de francs, les tribunaux mixtes accordèrent 1000 livres (26,000 francs) au demandeur. » H. LAMBA : *De l'évolution de la situation juridique des étrangers en Égypte*, p. 106. Et plus loin, M. Lamba ajoute : « Il est certain que si les négociations commencées en 1867 avaient pu aboutir immédiatement, bien des embarras financiers dus en partie à la munificence tout orientale du khédive, Ismaïl, ne se seraient pas produits; créés dix ans plus tôt

«Le Khédive Ismaïl, écrit M. H. Pensa, malgré de très grandes qualités, un amour des idées modernes et un attachement réel pour la France, a jeté son pays dans les bras de l'étranger, parce qu'il méprisait l'arithmétique. » (*L'Égypte et le Soudan Égyptien.*)

<h2>QUATRIÈME SECTION</h2>

LE FELLAH SOUS MOHAMED TEWFIK PACHA.

Mohamed Tewfik pacha fut proclamé Khédive à la citadelle le 26 juin 1879. Le service du contrôle, rétabli depuis 1879, avait été confié à M. de Blignières et à Sir Colvin (1), et, sortant de l'inextricable chaos financier où l'avaient précipitée les dissipations du Khédive Ismaïl, l'Égypte commençait à se ressaisir et à reprendre conscience d'elle-même. Le règne du nouveau Khédive s'ouvrait sous les auspices les plus heureux et de bienfaisantes réformes ramenaient la sécurité dans les foyers. La courbache était officiellement abolie et le gouvernement sévissait d'une façon très sévère contre son emploi dans les provinces, devenues le dernier refuge des cruautés de l'ancien régime. En même temps, on procédait à

les tribunaux mixtes auraient épargné à l'Égypte, avec des déboires pécuniaires, les événements politiques qui en ont été les conséquences. »

(1) Qui succéda dans ce poste à Sir E. Baring (aujourd'hui lord Cromer) nommé membre financier du conseil de l'Inde.

la péréquation des impôts et à la fixation des dates de
leur paiement qui étaient précédemment laissées au bon
plaisir du gouvernement. D'autre part, on répandait
partout l'instruction et l'on élaborait le projet de réorganisation des tribunaux indigènes, dont les vices étaient
patents et qui n'inspiraient aucune confiance aux justiciables.

Mais, tout à coup, cette marche en avant fut arrêtée
par l'insurrection militaire qui se termina par le bombar-
dement d'Alexandrie.

Cette insurrection, fomentée par trois colonels égyptiens : Arabi, Ali Fahmy et Abdel-Al, auxquels se joi-
gnit Mahmoud pacha Sami el Baroudi, fut, à son origine, une protestation des officiers fellahs contre les
soi-disant privilèges dont jouissaient les officiers turcs et
circassiens.

C'est là un des phénomènes psychologiques les plus
curieux. Le peuple égyptien, qui supportait depuis
des siècles les traitements les plus ignominieux et dont
la patience semblait inépuisable, s'impatiente soudain
quand on lui donne un commencement de liberté, et il
veut franchir, d'un bond, la distance qui le sépare de
l'émancipation complète. Les soldats égyptiens, habitués
à ne pas recevoir leur solde, et, depuis longtemps cour-
bés devant l'étroite oligarchie des Turcs, qu'ils considé-
raient comme d'essence supérieure, s'insurgent tout à
coup contre les privilèges dont jouissent les officiers
turcs. C'est que, quand on dessille les yeux à un peuple

longtemps opprimé et qu'on lui fait connaître ses droits, il éprouve comme une sorte de regret d'être resté si long-temps sous le joug de l'oppression et il veut conquérir ces droits immédiatement, à tout prix.

L'agitation arabiste qui n'était, à son origine, qu'une lutte de rivalités entre militaires, prit les proportions d'un mouvement national, et elle s'attaqua aux privilè-ges abusifs dont jouissaient les étrangers dans ce pays. A vrai dire, certains étrangers étaient devenus, vers la fin du règne d'Ismaïl pacha, une des plaies vives du pays, s'engraissant au détriment du Trésor et du peuple, au moyen de vols et d'usures, sous l'égide de la protec-tion consulaire. « On comprend dès lors que l'assaut donné aux privilèges européens, de même que le mena-çant mais illusoire cri de ralliement : « l'Egypte aux Egyptiens » furent largement justifiés (1). »

Malheureusement, cette insurrection militaire, faussée bientôt dans son esprit, n'eut pas d'heureuses conséquen-ces au point de vue économique, qui nous occupe seul dans ce livre.

Dans le discours par lequel il ouvrait l'Assemblée générale, convoquée en 1885, afin de pourvoir au règle-ment de la situation financière, le Khédive Tewfik le disait clairement : « La rébellion militaire a fait peser sur le Trésor de lourdes charges, telles que les indemni-

---

(1) Sir Alfred MILNER. — *L'Angleterre en Egypte*, traduit par M. F. Mazue, page 51.

tés et autres ; elle a occasionné dans le pays un arrêt des transactions commerciales et a produit un manque de confiance d'où sont résultées de grandes pertes (1). »

Au point de vue politique, l'insurrection d'Arabi a conduit à l'occupation de l'Égypte par les armées britanniques. L'Angleterre s'empara graduellement des branches importantes de l'Administration et elle a coopéré activement, depuis 1882, à toutes les modifications apportées à la situation économique et sociale du fellah, que nous allons étudier dans la deuxième part de ce travail.

(1) V. Répertoire Philippe GELAT.

DEUXIÈME PARTIE

CHAPITRE I

LE FELLAH DANS SA VIE PRIVÉE.

Le mot « *fellah* » dont la signification étymologique
est *cultivateur, laboureur* (d'un verbe arabe, « *falahà* » :
travailler la terre) est une dénomination qui s'applique,
en son acception la plus large, non seulement à la population agricole, mais aussi aux artisans et au bas peuple
des villes, et qui s'étend également aux musulmans et
aux coptes. Il faut dire, toutefois, que le bas peuple
des grandes villes n'aime pas beaucoup cette appellation
et que les Bédouins qui, depuis quelque temps, se sont
mêlés aux habitants des campagnes et partagent leur
vie, la rejettent comme insultante et vile.

Mais, au point de vue qui nous occupe, il n'y a pas de
différences notables entre la basse classe des villes et les
habitants des campagnes, entre les fellahs purs et les

Bédouins, les nègres ou les métis qui se sont mêlés à eux. Tous vivent de peu, travaillent beaucoup et sont matineux et robustes; ils ont tous la même simplicité primitive, la même sérénité d'âme et un fatalisme imperturbable; les plus grands malheurs et les injustices les plus criantes les trouvent résignés et dociles. Le séjour des villes ne les a pas gagnés aux idées de civilisation et de raffinement et, heureux de leur vie frugale, ils passent indifférents et sans envie, devant les belles choses que le luxe moderne étale à leurs yeux.

Aussi ne connaissent-ils pas le malaise dont souffrent les ouvriers d'Europe et ne sont-ils pas tourmentés par les besoins chaque jour plus nombreux qui rendent insuffisants les salaires et poussent aux grèves et aux révolutions.

Le salaire le plus minime satisfait les besoins de l'ouvrier des villes ou des campagnes en Égypte, car ses besoins sont très limités, grâce au climat du pays qui lui permet de s'habiller très légèrement et à peu de frais, grâce aussi à sa sobriété et à sa simplicité qui lui font considérer comme des objets de luxe les choses que l'ouvrier européen tient pour indispensables à la vie. Enfin, ne connaissant pas les illusions que donne l'alcool et les conséquences funestes qui résultent de ces illusions passagères (le hachich n'étant connu que dans les villes et pouvant d'ailleurs en disparaître facilement si le gouvernement réussit à empêcher l'importation en contrebande de ce produit prohibé), le fellah est heureux

et sa vie est des plus régulières. Cette régularité, jointe
au fatalisme qui le rend incapable de ressentir des émo-
tions violentes et à des habitudes générales de travail,
lui conserve la force et la vigueur. Tous les ethno-
graphes s'accordent pour vanter les qualités physiques
des fellahs. « Leur taille est avantageuse, leur poitrine
large, leurs membres musculeux et robustes (1). »

Au moral, peut-on faire d'eux un portrait aussi flat-
teur ? Beaucoup d'écrivains qui, sans se laisser arrêter
par les apparences, ont étudié de près et analysé psycho-
logiquement l'âme des fellahs, y ont découvert de véritables qualités, s'y trouvant comme à l'état latent et
qu'un gouvernement sage et progressiste, aidé par
l'instruction, ne tarderait pas à développer. D'autres au
contraire, plus superficiels ou moins impartiaux, ont
affirmé que les fellahs étaient dépourvus de qualités
morales. « On ne peut guère, dit M. Lane (2), représenter les fellahs sous un jour très favorable, quant à la
vie domestique et aux habitudes sociales. Ils ressemblent,
par les plus mauvais côtés, aux Bédouins leurs ancêtres,
sans aucune des qualités, si ce n'est à un degré très
inférieur, qui distinguent l'Arabe du désert. Les
coutumes mêmes qu'ils ont reçues de leurs ancêtres ont
eu souvent une influence funeste sur leur état domestique. » Ce jugement ne doit pas être accepté sans

---

(1) V. Le grand dictionnaire Larousse au mot : « fellah ».
(2) Lane. — On account of the manners and customs of the
modern egyptians.

discussion et sans appel et, quoiqu'il contienne une
part de vérité, il n'en est pas moins injuste, parce qu'il
est trop absolu et trop sévère. Le fellah a des défauts,
mais ils tiennent beaucoup moins à sa nature qu'aux
mauvais traitements auxquels il a toujours été soumis.
Affranchi aujourd'hui du despotisme dur et ignorant
subi depuis des centaines d'années, ses défauts s'atté-
nueront considérablement, s'ils ne disparaissent pas tout
à fait. La persistance à travers les siècles d'un régime
tyrannique est bien faite pour avilir les âmes et y
détruire tous bons sentiments. Or, l'Égyptien a-t-il,
depuis la plus haute antiquité, connu autre chose que
la domination de maitres impitoyables et barbares ?
Les Pharaons ne sacrifiaient-ils pas gaiement des centaines de mille d'existences humaines à l'édification de
leur gloire vaniteuse ? La bastonnade n'a-t-elle pas
toujours été en usage dans ce pays, et aussi loin qu'on
remonte, jusqu'à la domination des Romains, ne trouve-
t-on pas des témoignages constatant l'usage de battre
les Égyptiens ? Un auteur latin du quatrième siècle,
Ammien Marcellin, écrit : « On rougit parmi eux (les
Égyptiens), quand on n'a pas à montrer de nombreuses
cicatrices de coups de fouet, conséquence du refus de
payer l'impôt (1). »

Et depuis lors, jusqu'en ces derniers temps, c'est
toujours le bâton que les gouvernements divers ont
employé comme le meilleur percepteur des impôts.

(1) Cité par le duc d'Harcourt : « l'Égypte et les Égyptiens. »

Une circulaire du ministère de l'intérieur du 16 janvier 1883, rappelle les circulaires réitérées et précises interdisant l'usage de la bastonnade, elle réitère cette interdiction et déclare passible de toute la rigueur des lois quiconque ferait, à l'avenir, usage de la bastonnade (1). Cela prouve que, jusqu'en 1883, malgré les précédentes interdictions, on faisait encore usage de la bastonnade, surtout dans les petites localités. « Depuis longtemps, écrit Kassem Bey Amin, conseiller à la cour d'appel indigène (2), l'Egypte a été exploitée par des monstres à figure humaine de tous les pays et de tous les genres. Elle a été le théâtre des scènes les plus dramatiques. Je connais des histoires horribles, des faits inqualifiables et je soupçonne encore des choses bien plus terribles, et, vraiment, je ne parviens pas à comprendre comment notre malheureux peuple a pu résister à tant de cruelles oppressions. »

Le fellah s'est ainsi habitué à souffrir des brutalités inimaginables et jamais l'idée de résistance ouverte ne lui est venue, elle est incompatible avec sa nature. Il doit donc faire appel, pour se défendre, à la dissimulation et à la ruse ; il doit se faire rampant et plier constamment l'échine. Et c'est pourquoi ses qualités morales, au développement desquelles rien n'a aidé, ne paraissent

(1) Philippe GELAT. — Répertoire de la législation et de l'administration égyptiennes.

(2) KASSEM bey AMIN. — Les Egyptiens. Réponse à M. le duc d'Harcourt, pages 81 et 82.

pas bien grandes. Mais les fellahs sont-ils dépourvus de
qualités domestiques et sociales, comme l'affirme M. Lane?
c'est ce que nous verrons en parlant du fellah dans la
famille et dans la société.

PREMIÈRE SECTION

LE FELLAH DANS LA FAMILLE.

La demeure du fellah a été maintes fois décrite. C'est
une hutte faite avec de la boue et de la paille hachée,
très peu élevée et très étroite ; on y étouffe de chaleur et
il est impossible à la famille d'y coucher en été ; c'est
devant la porte de ce modeste logis ou sur la terrasse
que tout le monde dort en cette saison. Dans cette maison, aucun meuble, si ce n'est quelquefois chez les plus
aisés, une malle en bois où l'on enferme les quelques
habits et les menus objets.

Au mur est pratiquée une sorte d'armoire également
en boue qui reçoit le plus ordinairement tout ce que le
fellah et sa femme possèdent. Chacune de ces habitations contient aussi un four en terre où l'on fait cuire le
pain.

Dans ces maisons, pourtant bien exiguës (elles n'ont
guère plus de quatre à cinq mètres de largeur sur trois
mètres de hauteur) s'entasse, vit et grouille pêle-mêle
toute la smalah du fellah, avec sa vache ou ses poules,
s'il en a. C'est une ruche où tout le monde travaille.

L'homme part au champ avant le jour et il n'en revient qu'à la nuit tombante. Il est une époque de l'année, aux mois de mai et de juin, où il travaille jour et nuit, ne prenant qu'un repos de 4 à 5 heures ; c'est l'époque où il doit moissonner le blé, la nuit, avant les chaleurs du jour, qui, séchant les épis, rendent la moisson impossible. Il s'en va ensuite sur son champ de coton qui réclame des soins assidus, pendant huit mois de l'année. Si le système de rotation des eaux établi par le gouvernement ne lui donne pas beaucoup de temps pour arroser son coton, il est obligé de travailler à cet arrosage la nuit comme le jour.

La femme, de son côté, n'est pas inactive : elle doit nourrir et abreuver la vache, préparer l'engrais, apprêter le frugal repas de son mari et le lui porter aux champs, veiller à l'entretien de ses nombreux enfants. Ceux-ci également, sont utilisés à maints labeurs faciles, dès l'âge le plus tendre.

Chez les fellahs, l'autorité du père est très grande et elle s'exerce sur les enfants devenus eux-mêmes pères de famille. L'aïeul est l'objet de la déférence de toute la famille, ses descendants lui obéissent et le suivent partout où il lui plaît de s'établir, mettant entre ses mains le maigre fruit de leur dur labeur et partageant tout avec lui. C'est l'image de la famille patriarcale, avec une solidarité s'étendant à tous et ne laissant aucun dans un dénûment complet. Le fellah dépense généreusement tout ce qu'il a pour sortir d'embarras l'un des siens. C'est

à cette solidarité de la famille, presque du village, qu'est
due la paix profonde d'un pays aussi pauvre, tandis que
des crises secouent sans cesse les pays industriels beaucoup plus riches de l'Europe occidentale. « Les mêmes
conditions s'imposant à une population nombreuse, qui
ne laisse jamais dans un dénûment absolu l'un de ses
membres, donnent à chacun une sécurité relative, qui
s'accroit en raison de la stabilité naturelle aux travaux
des champs (1). »

Il y a loin entre cette famille et ce que l'on nomme en
Europe la *famille individuelle*, et le fellah ne connaitra
pas de longtemps cet égoïste isolement qui détruit le
sentiment de la famille et accroit les haines et les rivalités.

Dans la famille du fellah, la femme est au second plan,
on n'a pas pour elle beaucoup d'égards et on la traite
plutôt durement. Quand elle voyage avec un homme,
c'est lui qui monte ordinairement l'âne, elle doit suivre
à pied.

Cet effacement de la femme se manifeste aussi quelquefois dans les questions successorales. Quoique la fille
ait d'après le droit musulman la moitié de la part du
mâle dans la succession paternelle, il arrive que cette
part ne lui soit jamais remise. Les biens de son père
défunt restent entre les mains de ses frères, et quand elle
se marie, l'homme qu'elle épouse trouve honteux et indi-

(1) Henri PENSA. — *L'Égypte et le Soudan Égyptien*, page 111.

gne de lui de réclamer ce qui revient à sa femme, car il
ne faut pas qu'il ait l'air de vivre à ses dépens!!

Malgré cela, nous pouvons affirmer que la femme du
fellah n'est pas malheureuse. Son mari, s'il la bat quelquefois, dans la classe la plus pauvre, l'aime beaucoup,
et il est excessivement rare, surtout chez les pauvres,
qu'il la répudie ou qu'il lui donne une rivale. La polyga-
mie qui tend maintenant à disparaître des villes, n'a
jamais été fréquente à la campagne. « Dans les campagnes, le paysan est foncièrement monogame, et cela pour
cause : il gagne à peine de quoi ne pas mourir de faim.
Dans les villes, il reste encore quelques hommes de l'ancien régime qui entretiennent plus d'une femme, et c'est
tout. Les fonctionnaires n'ont, en général, qu'une seule
femme (1)... »

On voit donc que le fellah n'est pas dépourvu de qualités familiales. Que l'instruction arrive jusqu'à lui et
qu'on lui apprenne que sa femme a droit aux bons traitements et aux égards, que celle-ci comprenne également
ses droits et ses devoirs, et la famille des fellahs sera,
par son organisation solide et par l'esprit de solidarité
qui lie étroitement tous ses membres, sinon supérieure,
du moins égale à celle du cultivateur d'Europe. Jusque-
là, la femme, ignorant ses droits, trouve tout naturel que
son mari la rudoie quelquefois et elle ne songe même pas
à s'en plaindre.

(1) KASSEM bey AMIN. — *Les Égyptiens. Loc. cit.*, pages 128-
129.

DEUXIÈME SECTION

LE FELLAH DANS LA SOCIÉTÉ.

Les qualités sociales du fellah sont celles que la tyrannie et l'ignorance ont voulu qu'elles fussent. Foncièrement bon et franc, la cruauté des maîtres l'a rendu méchant et dissimulateur. Il a toujours conservé l'amour de l'hospitalité, son accueil est cordial et si les promesses qu'il fait et les témoignages de dévouement qu'il donne sont quelquefois démentis par sa conduite, il ne faut pas trop lui en vouloir, car les malheurs l'ont aigri et l'ont rendu méfiant et incapable de croire à la loyauté d'autrui.

Le duc d'Harcourt écrit (1) qu'un magistrat, avec qui il s'est entretenu, accuse les fellahs de n'user que de mensonges et de faux témoignages quand ils se défendent en justice.

Cela est malheureusement vrai, mais la faute en est, répond Kassem bey Amin (2), « aux incomparables faussaires et usuriers étrangers qui ont usé de toutes les machinations, de tous les dols, de toutes les manœuvres frauduleuses pour les spolier de leurs terres. » Et Kassem bey Amin cite à son tour, à l'appui de sa réponse, un témoignage irrécusable de l'exploitation

(1) Le duc d'Harcourt. — L'Égypte et les Égyptiens. Loc. cit.
(2) Kassem bey Amin. — Ouv. Loc. cit.. page 260.

honteuse du fellah par les vautours de l'usure, sous l'é-
gide de la protection consulaire : c'est une page déta-
chée du livre : « L'Egypte et l'Europe »(1), écrit par un
homme remarquable qui a occupé aux tribunaux mixtes
pendant quelques années, les fonctions de juge. Nous
pouvons ajouter que le mensonge et la ruse servent
ordinairement à la plupart des paysans d'Europe pour

(1) *L'Egypte et l'Europe*, par M. Van BEMMELEN : « Il est impossible d'avoir fait la connaissance des Egyptiens musulmans civilisés sans avoir reçu une impression favorable quant à leur véracité.
On ne peut dire qu'ils soient communicatifs et ouverts, notamment
dans leurs rapports avec les Européens. Ils sont façonnés à être
réservés et ils ont trop de raisons pour préférer le silence à la parole
risquée, mais ils ne sont ni trompeurs ni menteurs, soit au service,
soit en dehors de leurs intérêts. Leur caractère et leur religiosité
leur inspirent la crainte du mensonge.

« En général, le sentiment du vrai est plus développé parmi les
classes supérieures que dans le peuple incivilisé. Il n'en est pas autrement en Egypte. Mais on ne peut dire que les fellahs et les Egyptiens pauvres des villes soient plus menteurs ou moins véridiques
que les paysans et les citadins incivilisés de l'Europe. Il est vrai
qu'il faut faire une exception pour ceux qui ont été corrompus au
service des Européens ou des étrangers orientaux, c'est-à-dire des
gens infidèles qui étalent un luxe insolent sans être respectable et
qui les traitent durement ou avec mépris. Ces domestiques n'a-
vouent jamais la vérité à leurs dépens et mentent sans scrupule
pour se tirer d'affaire. De même les fellahs, qui ont beaucoup souffert des usuriers et autres étrangers qui les exploitent sous la protection consulaire, cessent d'être véridiques dans leurs rapports avec
les Européens, les Grecs et les Levantins, et lorsqu'ils comparaissent
devant les tribunaux mixtes qui ne leur inspirent aucune confiance.

« Cependant, ces réserves faites, il faut dire que les fellahs, en général, sont véridiques dans leurs paroles et dans leurs déclarations en
justice. A cet égard, l'expérience des tribunaux mixtes, au lieu de
prouver contre eux, témoigne en leur faveur. »

défendre leurs terres qu'ils chérissent par dessus tout, et
que leurs chicanes sont proverbiales.

Le fellah possède-t-il la vertu sociale la plus importante au point de vue de la prospérité économique.
l'amour du travail ?

Nous avons eu l'occasion de dire dans la première section de ce chapitre, qu'il ne reculait jamais devant un
long et fatigant labeur. Quand la nécessité l'aiguillonne,
il fait preuve d'une prodigieuse activité. Sur le champ
qu'il cultive, il n'est pas de travaux, quelque pénibles
qu'ils soient, qui puissent lasser sa patience, ni épuiser
sa force vraiment herculéenne.

Cette endurance est due tout autant à la complexion
du fellah qu'à l'habitude de souffrir qu'il a depuis longtemps contractée. « S'il est des hommes, dit Volney,
capables d'énergie, ce sont ceux dont l'âme et le corps
trempés, si j'ose dire, par l'habitude de souffrir, ont pris
une raideur qui émousse les traits de la douleur ; et tels
sont les Égyptiens... Les paysans, si méprisés sous le
nom de fellah, supportent des fatigues étonnantes...
Leur énergie n'a besoin que d'être dirigée pour devenir
redoutable. » Et c'est faute de cette direction intelligente, c'est parce que cette grande dépense de forces n'est
pas toujours bien employée et parce qu'aussi le cultivateur égyptien est privé du concours des machines, si pré-
cieux au paysan d'Europe et d'Amérique, que l'agriculture de ce pays n'a pas encore atteint un grand degré de
perfectionnement. Nous devons cependant rendre hom-

mage aux louables efforts faits, depuis quelque temps,
pour améliorer la situation agricole, et dont la plus
grande part d'honneur revient à S. A. le Prince Hussein
Pacha Kamel, oncle du Khédive actuellement régnant (1).
Mais on nous dit : « De quelle utilité peuvent être pour
le pays cette énergie et cette merveilleuse endurance que
vous vantez chez le fellah, s'il est naturellement pares-
seux et s'il n'aime pas le travail ? Cette paresse native
est et sera toujours l'obstacle insurmontable, la pierre
d'achoppement qui s'opposera au développement normal
des facultés économiques du pays (2). »

Ce reproche, qu'on fait au fellah, n'est pas plus jus-
tifié que les autres reproches qu'on lui adresse ; il pro-
vient, comme eux, croyons-nous, d'une connaissance
superficielle de sa situation. Le fellah ne préfère l'oisiveté
au travail que quand il sait que son travail ne lui profi-

(1) Il s'est formé récemment, sous la présidence de ce prince, une
société composée des grands propriétaires terriens, ayant pour but
de venir en aide aux petits cultivateurs en leur prêtant les semailles
et la graine de coton, et de perfectionner les procédés de culture, par
des expériences, des expositions agricoles, et la publication de tous
les renseignements utiles aux agriculteurs dans un journal dirigé par
le secrétaire de cette société.

(2) Cette idée semble dominer le duc d'Harcourt, on la retrouve
à chaque page de son livre sur « L'Égypte et les Égyptiens ». Pour
lui, le fellah n'estime guère les richesses que « comme conduisant au
repos », « la misère est moins redoutée par lui que le travail » et il
doute qu'une administration *européenne* puisse modifier cette disposition à l'oisiveté. Nous sommes sûrs que si M. le duc d'Harcourt
s'était livré à une enquête personnelle et s'il avait pris la peine de
contrôler par lui-même l'exactitude de ce qu'on lui racontait sur les
Égyptiens, il aurait évité cette erreur ainsi que bien d'autres, dont
son livre fourmille.

tera pas. « Dès que sa subsistance est assurée, dit
M. Charles Haussoullier, le fellah retombe dans une
grande apathie, *car il sait que tous ses efforts ne lui
assureront pas un avenir meilleur.* Malgré cette inertie
singulière, il est naturellement vif, alerte et actif (1). »

En effet, de tout temps, et quoi qu'en dise Fourier, le
mot travail a été considéré comme synonyme de peine.
Si, de nos jours, disait un de nos professeurs de la
Faculté de Paris, on célèbre partout les vertus sociales
du travail, ce qu'on ne faisait pas dans l'antiquité, ce
sont ceux qui ne travaillent pas qui exaltent ces vertus.
De nos jours comme dans l'antiquité, le travail n'est pas
aimé pour lui-même, mais pour la jouissance ultérieure,
pour la satisfaction de nos besoins, qu'il nous procure.
C'est donc l'intérêt personnel qui est le stimulant des
énergies, comme il est le fondement de tout progrès économique.

Supprimez-le, l'homme ne travaille plus que par la
contrainte, comme travaillait autrefois l'esclave, et l'on
connaît le peu de productivité du travail servile.

C'est là une loi naturelle fondamentale et le fellah y
est soumis comme tous les autres hommes. Qu'il soit
assuré de retirer de son travail une juste rémunération,
et il fera merveilles, autrement pourquoi sortir du doux
farniente? On peut se rendre compte de l'exactitude de
cette affirmation en regardant un de nos petits proprié-

(1) V. Grand Dictionnaire Larousse, au mot : *fellah.*

taires travailler le champ qui lui appartient en propre et dont il est sûr de recueillir les fruits.

Ajoutons, enfin, que les grandes chaleurs qui atrophient les forces des étrangers, n'arrivent pas à exténuer celles du fellah.

Depuis que la création des canaux a développé dans le pays les cultures *Séfi* (d'été), c'est pendant les mois les plus chauds de l'année que le fellah travaille le plus.

Le sentiment de la religiosité est poussé très loin chez le fellah, et ce sentiment lui impose de saines pratiques et des habitudes de moralité; il est également pour lui une source de bonheur. C'est dans ses croyances religieuses qu'il puise la résignation et la patience. C'est à son asservissement à des traditions religieuses dont il n'a pas voulu s'affranchir, qu'il doit la quiétude et la paix de l'esprit. Aussi, doit-on souhaiter que ces collectivités laborieuses ne s'affranchissent jamais de ces croyances, car cet affranchissement apporterait une modification radicale dans l'état économique du pays. En effet, le jour où le fellah ne se contentera plus des consolations que lui donne sa foi et trouvera trop congrue la part qu'on lui fait dans la société, quand il élèvera la voix pour protester et voudra faire ses conditions, ne pouvant plus le décider au travail par la courbache, on sera bien obligé de compter avec lui. Or, ce jour-là, la crise sera violente et la face des choses bien changée.

Ce que nous venons de dire du fellah, dans la famille
et dans la société, suffira, nous l'espérons, pour prouver
qu'il est apte à recevoir la civilisation et qu'il n'est pas
d'essence inférieure, comme quelques-uns semblent le
croire. La théorie de l'infériorité de certaines races a été
inventée par Aristote pour trouver aux Grecs un motif
légitime d'asservir les autres peuples, sans que ceux-ci
puissent invoquer le même motif pour asservir, à leur tour,
les Grecs.

Elle a été dans la suite, développée et exagérée à plaisir par les peuples de civilisation avancée, dans un but
d'intérêt évident. Cette théorie ne peut s'appliquer aux
Égyptiens dont les aïeux ont atteint un haut degré de
civilisation et qui prouvent eux-mêmes, quand ils ont le
bonheur de recevoir une certaine culture intellectuelle,
qu'ils ne sont pas de ces races qui, selon l'expression
d'Aristote, « ont été créées pour obéir (1). »

(1) « Dès le moment de leur naissance, quelques êtres sont destinés,
les uns à obéir, les autres à commander, et ils forment, les uns et les
autres, des espèces nombreuses. » ARISTOTE : « *Politique* ». Livre I,
chap. II, § 8. Traduction française de M. THUROT.

CHAPITRE II

PROGRÈS GÉNÉRAUX ET MISÈRE DU FELLAH

L'insurrection d'Arabi pacha réprimée, l'Égypte reprit sa marche, quelque temps interrompue, vers le progrès. En jetant un coup d'œil sur la situation générale du pays à l'heure présente, on constate avec plaisir que de grandes étapes ont été franchies et l'on est en droit de s'étonner de la rapidité avec laquelle tant de réformes ont été accomplies, qui semblaient presque irréalisables de longtemps, vu surtout l'opinion que l'on s'était faite de l'inaptitude du peuple égyptien à se plier aux lois du progrès. Sans chercher à déterminer la part d'honneur qui revient à chacun des deux éléments indigène et européen qui forment le gouvernement actuel de l'Égypte, nous devons leur rendre à tous deux cette justice qu'ils ont collaboré activement et de façon intelligente et honnête à la prospérité du pays ; et nous pouvons bien dire, avec Kassem bey Amin (1) que « l'œuvre accomplie

(1) *Les Égyptiens. Loc. cit.*, pp. 89-90.

jusqu'à ce jour est tellement gigantesque qu'on n'en a
jamais vu de semblable dans un si court espace de
temps. » L'abolition de la corvée et de la courbache,
le respect de la vie et de la propriété individuelle,
l'inviolabilité du domicile, la liberté de penser et
d'écrire, la tolérance religieuse la plus large, voilà les
principales garanties dont jouit l'homme au point de vue
des droits privés et que d'autres peuples n'ont obtenues
qu'au prix de sanglantes révolutions.

D'autre part, la justice est rendue d'une façon très
satisfaisante et sous ce rapport, les tribunaux indigènes,
réorganisés en 1883, méritent aujourd'hui les mêmes
éloges que les tribunaux mixtes : par les éléments jeunes,
intelligents et intègres qui les dirigent, ces tribunaux
offrent aux justiciables toutes les garanties d'impartialité et de capacité voulues ; et, alors qu'on voyait autrefois les indigènes s'ingénier à fuir la juridiction indigène,
on voit maintenant des européens céder leurs droits aux
Egyptiens afin de profiter de la célérité avec laquelle les
affaires sont jugées par ces tribunaux, surtout en matière
sommaire. (1).

Les progrès faits par ces tribunaux en un laps de temps
fort court sont vraiment prodigieux. Dix ans après leur

(1) « Les tribunaux de justice sommaire indigènes ont une com-
pétence qui s'élève à 2.500 fr., de sorte que l'on voit, surtout dans
les provinces, les européens céder leurs procès à des indigènes pour
les faire trancher par ces tribunaux dont la procédure est plus expé-
ditive et moins coûteuse que celle des tribunaux mixtes de première
instance. » H. LAMBA, ouvrage *loc. cit.* p. 308.

réorganisation, ou mieux leur création, voici le témoignage que leur rendait lord Cromer dans son rapport de 1893 : « Les tribunaux indigènes jouissent maintenant du respect et de la confiance publique. La limitation du choix des juges à des hommes qui ont reçu une instruction juridique, l'allocation d'un traitement convenable et un souci continuel de l'indépendance du magistrat ont effectué ce changement d'autant plus remarquable qu'il s'est opéré principalement par la coopération indigène... On peut dire maintenant que la justice est rendue sur des bases fixes et, sauf exception, que les décisions sont justes. Il n'y a pas d'affaires en retard. Tous les tribunaux sont réellement à la hauteur de leur tâche. » Et M. H. Lamba qui cite ce passage ajoute plus loin (1) : « Si l'on songe à la difficulté qu'il y avait à faire de toute pièce un droit nouveau, au temps et à la patience nécessités pour développer des éléments bons certainement, mais qu'il a fallu coordonner, on trouvera que le chemin parcouru en quelques années par une institution faite d'un seul jet, est considérable; ces progrès iront s'affirmant chaque année, au fur et à mesure que se développera l'expérience des magistrats, et que se consolidera l'institution. Ne peut-on donc pas y voir l'aube de la quatrième et dernière phase de l'évolution de la justice en Égypte : une justice nationale? » M. Lamba écrivait ces lignes en 1896. Nous sommes sûr que s'il avait à se pro-

(1) H. LAMBA. — Ouvrage loc. cit., p. 310-311.

noncer aujourd'hui sur l'état de nos tribunaux indigènes,
il trouverait que le progrès est encore plus accentué;
ces tribunaux, croyons-nous, peuvent, même à l'heure
présente, et sans assumer une tâche au-dessus de leurs
forces, se charger de rendre la justice à tous les habitants de l'Égypte. Cela se réalisera prochainement, nous
le souhaitons pour ce pays; car, plus rien ne justifie la
défiance vis-à-vis de la juridiction indigène et le partage
de la puissance judiciaire entre la magistrature nationale
et une magistrature étrangère, « et quand l'Égypte du
vingtième siècle, forte d'une législation codifiée, d'une
magistrature instruite de la loi et des traditions judiciaires, demandera le droit de rendre la justice chez elle,
que pourra-t-on lui répondre (1) ? ».

A côté de ces garanties individuelles, on voit le gouvernement travailler ardemment et sans relâche à la
prospérité de la chose publique, par les grands travaux
d'irrigation et toute sorte de travaux d'utilité publique
qui s'accomplissent tous les jours. De grands soins sont
également donnés à l'embellissement et à l'assainisse-
ment des villes, ainsi qu'à la conservation de l'hygiène
publique; les épidémies, qui fauchaient autrefois tant
d'existences humaines, sont aujourd'hui presque inoffen-
sives, grâce aux mesures prophylactiques efficaces avec
lesquelles on les combat.

(1) II. LAMBA. — *Loc. cit.*, p. 315.

.*.

Pour donner une idée plus précise des progrès accomplis par l'Egypte, sous tous les rapports, depuis une vingtaine d'années, qu'on nous permette de produire quelques chiffres fournis par la statistique, dont l'éloquence est plus frappante que toutes les démonstrations. Les renseignements statistiques que nous allons donner sont empruntés à une publication « Statistical Returns », due à M. J. L. Gorst, conseiller au ministère des Finances.

Population. — Pendant cette période de vingt ans, la population s'est développée en moyenne de près de 3 %. Lors du recensement de 1882, la population de ce pays atteignait 6.812.919 habitants, (1) elle était arrivée à 9.734.405 habitants en 1897 et on l'estime à 10.208.059 habitants pour l'année 1900. Notons que la population étrangère n'entre pour ainsi dire pas en ligne de compte dans ce développement; entre le recensement de 1882 et celui de 1897, le nombre des étrangers a passé de 90.806 habitants à 112.574 âmes seulement.

Le développement de la population dans une proportion annuelle de 3 % est un résultat merveilleux qui n'a de précédents dans l'histoire moderne de la démogra-

(1) Ce chiffre que nous trouvons dans la publication de M. Gorst, diffère quelque peu de celui qu'a donné M. Boinet-Bey, qui évalue à 6.806.710 habitants la population de l'Egypte en 1882.

phio qu'aux Etats-Unis, il y a cent ans, quand leur population accrue tant des naissances que des forts contingents fournis par l'émigration, augmentait dans cette proportion annuelle de 3 % environ.

Surface cultivée. — La surface cultivée a passé pendant les années 1880 à 1899 de 4.715.839 feddans à 5.495.800 fedd., soit une augmentation de 779.961 fedd. et cette surface cultivée s'étend tous les jours grâce au développement des canaux d'irrigation, qui permettent de défricher des terres que, faute d'eau, on avait laissées jusque-là en friche.

Industrie des transports. — Pendant la même période, le réseau du chemin de fer exploité par l'Etat s'est accru de 994 milles à 1216 milles; le nombre des voyageurs transportés a passé de 3.086.478 à 11.284.284 ; le poids des marchandises transportées annuellement sur les voies a presque triplé, atteignant 3.055.837 tonnes et venant de 1.143.212 tonnes. En 1882, il y avait 5.429 milles de fils télégraphiques contre 9.324 milles en 1899, et le nombre de dépêches expédiées a passé de 659.126 à 2.994.332.

Enfin, en 1899 il a été confié à la poste 15.579.000 lettres, contre 3.810.000 lettres en 1882.

Revenus publics. Une gestion habile des finances du pays a fait beaucoup pour son développement matériel. Bien que certains impôts aient été réduits ou supprimés, les ressources du pays n'ont cessé de s'accroître (1). La taxe territoriale qui était en 1880 de P. T. 105 se trouve réduite en moyenne à P. T. 83. La corvée, qui représentait une véritable taxe a été supprimée. D'autres réductions ont encore été faites. C'est ainsi que l'imposition par tête d'habitant, qui s'élevait en 1880 à P. T. 106 se trouve réduite en moyenne à P. T. 83.

En dépit de ce fait, les recettes ordinaires qui en 1880 s'élevaient à 8.998.800 L. Ég. ont atteint 11.200.300 L. E. en 1899.

Pendant cette même période, les dépenses ont augmenté également, mais pas dans les mêmes proportions que les recettes : elles ont passé de 7.961.400 L. E. en 1880 à 9.929.400 L. E. en 1899, cette dernière somme comprenant des charges supplémentaires qui ne figuraient pas dans le budget de 1880, telles que celles nécessitées par l'armée d'occupation du Soudan. En 1899, l'excédent des recettes sur les dépenses n'a pas été inférieur à 1.270.000 L. E. D'ailleurs pendant ces dernières années, les recettes ont toujours été supérieures aux dépenses. De cet excédent, une somme relativement faible se trouve à la disposition du gouvernement. Une somme de 265.000 L. E. provenant de l'économie réalisée par la conversion de la dette privilégiée, doit être versée chaque année à un fonds de réserve spécial. Ce fonds s'élevait à la fin de 1899 à 3.565.500 L. E. La réserve spéciale exigée par la conven-

_____

(1) V. note du Conseiller financier. Supplément du *Journal officiel égypt.*, 22 décembre 1900.

tion internationale et dont le versement annuel dépend de l'excédent se trouvait à la fin de 1899 portée à 3.529.900 L. E. Une partie de cette réserve a été prêtée au gouvernement pour être employée en dépenses extraordinaires.

Dette égyptienne. — En ce qui concerne la dette égyptienne, il existait sur le marché en 1880 pour 98.605.000 L. st. de titres ; à ce chiffre il a été ajouté dans la suite 13.000.000 de L. st. pour dépenses extraordinaires, puis 2.000.000 de L. st. résultant des opérations de la conversion qui, tout en diminuant le taux de l'intérêt, a augmenté le capital de la dette. Malgré ces augmentations, il n'y avait plus en 1899 que pour 95.976.200 L. st. de titres en circulation, soit 2.708.700 L. st. de moins qu'en 1880. L'intérêt de ces titres, qui en 1881 — année où commença à fonctionner le système inauguré par la loi de liquidation — était de 4.138.100 L. st. se trouvait réduit en 1899 à 3.545.900 L. st. En 1880 le montant de la dette, qui était de 15 L. 3 S. 9 P., par tête d'habitant, s'est trouvé réduit à 9 L. 18 S. (1).

**

La situation générale a donc subi des améliorations tangibles et presqu'inespérées en un laps de temps aussi restreint. Mais la situation économique et sociale du fellah s'est-elle améliorée dans la même proportion ? Nous n'hésitons pas à répondre non et nous disons que, si on a

(1) V. *La Bourse Égyptienne*, n° du 5 janvier 1901.

beaucoup fait, beaucoup de réformes sont encore à accomplir pour que la situation de nos classes ouvrières soit au niveau du progrès général du pays. Dans les chapitres qui vont suivre, nous allons nous attacher exclusivement à montrer la situation exacte du fellah, dans toutes les manifestations de son activité économique, et nous serons forcé de constater que, s'il fournit une somme étonnante de travail, partout où on l'occupe, il est partout mal rémunéré. Et cette disproportion énorme entre le travail et le salaire est une des causes qui retardent le développement des facultés économiques du pays, qui sont merveilleuses. Au point de vue humanitaire également, on a l'obligation de faire ressortir la précarité de la situation de l'ouvrier égyptien et de faire appel au législateur pour y porter remède, dans la mesure du possible. Les apôtres du salaire proportionné à la peine, les défenseurs ardents de la cause de l'ouvrier en Europe, ont réussi, à la fin, à améliorer son sort, et c'est l'intervention du législateur qui a puissamment aidé à faire ces améliorations. Son initiative est ici fort utile ; mais, une fois que la réglementation du travail est entrée dans les mœurs, le progrès s'accentue par la seule force des choses, et les ouvriers finissent par triompher eux-mêmes de la résistance des patrons et par obtenir un traitement encore meilleur ; et cela au moyen de l'association des ouvriers qui deviennent une masse forte en face des patrons et peuvent obtenir d'eux l'amélioration des conditions du travail.

L'utilité de l'intervention législative est surtout prouvée

par l'exemple de l'Angleterre où se trouvent les origines
de la législation actuelle du travail. En Angleterre, dans
la deuxième moitié du XVIIIe siècle, la grande industrie
fit son apparition; on vit s'élever le long de tous les cours
d'eau des manufactures de coton et de laine groupant
autour d'elles des centaines d'ouvriers. Alors eurent lieu
les abus les plus graves ; l'ouvrier fut soumis à un travail
exténuant et l'exploitation des enfants surtout fut honteuse. C'est grâce aux lois successives qui intervinrent
réglant les conditions du travail et en limitant la durée
pour les femmes, les enfants et les adultes, que les ouvriers
anglais ont pu se relever, s'instruire et se grouper en associations professionnelles puissantes. Le régime exténuant
auquel les soumettaient les patrons, avant l'intervention
de ces lois bienfaisantes, atrophiait leurs facultés intellec-
tuelles, les abrutissait et les rendait incapables de s'entendre pour améliorer leur triste situation.

Quoi qu'il en soit d'ailleurs et qu'on veuille ou non
reconnaître avec nous l'utilité et l'opportunité de l'intervention législative pour régler les conditions du travail
ouvrier, il est certain que des considérations spéciales
plaident, en Égypte, en faveur de cette intervention.

D'abord nos classes ouvrières, et ceci s'applique également aux ouvriers des villes et des campagnes, sont trop
incultes pour se charger elles-mêmes de défendre leur
cause. L'habitude de souffrir sans se plaindre, contractée depuis de longs siècles, a amoindri si elle n'a pas fait
complètement disparaître chez eux cet esprit de protes-

tation que l'on rencontre chez l'ouvrier européen. Enfin les associations professionnelles ainsi que les coalitions et les grèves par lesquelles les ouvriers protestent, sont inconnues en Égypte, car leur besoin se fait sentir surtout dans les pays industriels et d'une civilisation avancée (1). La loi et le gouvernement doivent intervenir également pour défendre la petite propriété, menacée dans ce pays plus que partout ailleurs, et c'est par la répression efficace de l'usure, par l'institution du crédit agricole et par la réduction de l'impôt foncier trop lourd, presque excessif, qu'on pourra empêcher la petite propriété de disparaître, au grand détriment de la prospérité

(1) Il s'est produit cependant quelques rares manifestations ouvrières, sans grande importance. Signalons entre autres une coalition organisée vers la fin de l'année 1899 entre les rouleurs de cigarettes, au Caire, dans le but d'obtenir certaines conditions meilleures et surtout une augmentation des salaires. Devant la résistance de leur patron, ces ouvriers se sont mis en grève pendant assez longtemps. Tant que cette grève dura, la police prit les mesures propres à empêcher tout attroupement des grévistes et pour protéger ceux des ouvriers qui voulaient continuer à travailler. Presque tous les grévistes étant sujets étrangers, on réclama aussi l'assistance de leurs consulats respectifs, pour éviter toute difficulté dans l'avenir. La reprise du travail eut lieu sans qu'en somme, les conditions fussent améliorées. Les grévistes n'eurent ni l'appui du public ni celui de la presse ; on ne voulut point s'apitoyer sur le sort de gens qui, pour un travail peu fatigant, reçoivent un salaire que bien d'autres, dont l'occupation est autrement pénible, sont en droit de leur envier. N'ayant d'ailleurs pas des fonds leur permettant de résister plus longtemps, force leur fut de se rendre. Toutefois cette manifestation est intéressante parce qu'elle est la première vraiment sérieuse qui ait eu lieu en Égypte jusqu'à présent. Il faut remarquer qu'elle a eu pour auteurs des étrangers et que les naturels du pays n'y semblent pas bien enclins. A ceux-ci, et surtout aux ouvriers des campagnes, il faut donc la protection de la loi.

économique et de la paix sociale. Ces réformes sont indispensables et le gouvernement doit s'y résoudre. Il lui
incombe aussi de développer l'instruction et d'en répandre
partout les lumières. C'est par ce moyen qu'on parviendra
à chasser des campagnes les derniers vestiges de l'esprit
de routine et de corruption qui sont allés y chercher
asile.

Nous allons donc examiner maintenant la situation du
fellah, partout où nous le rencontrerons, et nous indiquerons en même temps les améliorations que le pouvoir
peut apporter à son sort et celles que le fellah peut obtenir pour lui-même, sous l'impulsion d'une initiative
généreuse, qui doit venir également du pouvoir.

Nous savons que cette intervention du pouvoir est un
sujet très complexe et très grave ; il est complexe à cause
des détails dans lesquels le législateur doit entrer, il est
grave, parce qu'il soulève de grosses questions théoriques
sur la légitimité de l'intervention de l'État, ses limites, etc.
Nous avons dit ailleurs que nous considérions le socialisme d'État comme une chose plutôt nuisible au progrès
économique. Nous ne pensons pas, comme Dupont White,
« que les individus, avec leur aspiration au bien-être, ne
portent pas en eux le principe du progrès » et que l'État
doit être « l'initiateur de toutes les énergies qui consti-
tuent le génie national (1). »

Mais si la tâche de l'État n'est pas « idéalement indé-

_____

(1) GAMBETTA. -- Discours à Belleville en 1878.

finie », comme le prétend M. Lorenz von Stein, elle comprend indubitablement la protection des faibles, la défense des intérêts perpétuels dont il a la garde, contre l'imprévoyance des intérêts présents, et son concours éclairé à toutes les œuvres constituant la civilisation progressive.

Et c'est pourquoi l'État doit intervenir pour protéger le fellah, être faible et toujours exploité, pour alléger les charges qui le grèvent et pour lui faciliter l'accession à un avenir meilleur. Nul ne songera à contester la légitimité de cette intervention, à la condition qu'elle s'arrête à une juste limite ; car si on se trompe en demandant tout à l'État, on se trompe bien plus en lui interdisant d'intervenir, toutes les fois que son intervention est la condition essentielle du progrès.

CHAPITRE III

LE FELLAH PETIT PROPRIÉTAIRE.

PREMIÈRE SECTION

LA PETITE PROPRIÉTÉ EN ÉGYPTE

Nous avons donné, dans la première partie de ce travail, une idée sommaire de ce qu'était la propriété foncière en Égypte jusqu'à la fin du règne d'Ismaïl pacha. Nous avons vu que l'insécurité dans laquelle vivaient les propriétaires jusqu'au règne de Mohamed Ali, que les injustices et les extorsions continuelles qui leur enlevaient tous les fruits de leurs peines, avaient forcé ces malheureux à émigrer en masse, abandonnant leurs maisons et leurs champs, pour se dérober aux recherches et aux cruautés inouïes du fisc.

Mohamed Ali avait mis les propriétaires à l'abri des brigands du désert, mais les autorités locales continuèrent, sous son règne, à les dépouiller, et les impôts ne purent être réduits, car les grandes réformes qu'accomplissait Mohamed Ali et les nombreuses guerres qu'il livrait nécessitaient beaucoup de dépenses. Malgré la sollicitude de ce grand prince pour le peuple, la situation du petit propriétaire ne s'améliora donc pas d'une façon sensible sous son règne ni sous le règne d'Abbas pacha, son petit-fils.

Mohamed Saïd pacha, justement ému de cette situation qui commençait à devenir menaçante pour la prospérité du pays, voulut y porter remède et, durant tout son règne, il s'appliqua à rendre au fellah la sécurité, à réduire et à répartir plus équitablement les impôts qui le grevaient. Il distribua aussi des terres sans maîtres aux chefs des villages et aux chefs de famille, en les exonérant de tout impôt dans les premiers temps de la dotation, afin d'encourager à la culture. Aussi les paysans commencèrent-ils à aimer la terre et à la cultiver avec passion.

Malheureusement, cette quiétude ne devait être qu'éphémère. De nouveau, le petit propriétaire vit réapparaître les oppressions et les extorsions de tout genre, vers la fin du règne suivant ; leur violence le fit souffrir beaucoup et le découragea ; pour y échapper, il dut aliéner ses biens à très vil prix et il ensevelit son argent sous terre, dans l'espoir de le dérober au fisc. L'insécurité et l'arbitraire ont de tout temps produit ce triste résultat ; c'est pourquoi la thésaurisation a toujours été pratiquée par le peuple égyptien, opprimé par un despotisme séculaire. Les ouvriers qui creusent aujourd'hui la terre,

trouvent souvent sous leurs pioches des trésors enfouis depuis les temps les plus reculés.

Cette sorte de panique à laquelle avait mené l'embarras du Trésor sous Ismaïl pacha, fit tomber très bas le prix des terres et, malgré ce bon marché, on n'en trouvait que difficilement acquéreurs. S'il s'en trouvait encore, c'était parce qu'on espérait le retour des jours heureux où la guerre des États-Unis avait élevé le prix des produits agricoles à un taux phénoménal.

Les réformes fondamentales accomplies depuis le règne de Mohamed Tewfik pacha, la sécurité de jour en jour plus grande dont commençait à jouir le pays, relevèrent progressivement le prix des terres et le fellah en désira ardemment l'acquisition. Aujourd'hui, malgré la baisse générale des prix, les terres ont acquis une valeur qu'on pourrait qualifier d'exagérée et cette tendance à la hausse augmente de plus en plus. Le fellah conserve le lopin de terre qu'il a pu mettre à l'abri des usuriers et le nombre de nos petits propriétaires est suffisamment grand. Ainsi sur 767,242 propriétaires terriens :

611,074	possèdent moins de 5 feddaus (1)	
80,810	—	de 5 à 10 —
41,276	—	de 10 à 20 —
12,928	—	de 20 à 30 —
9,297	—	de 30 à 50 —
11,857	—	plus de 50 feddaus (2)

(1) Le feddan représent 4.200 mètres carrés 833,333.

(2) Statistique dressée par Sir Elwin Palmer en 1897, alors qu'il était Conseiller au Ministère des finances.

En rapprochant le nombre des propriétaires fonciers de la surface cultivée, qui est de 5,757,100 feddans (1), on trouve que chaque propriétaire possède en moyenne près de 7 feddans et demi

Si nous comparons maintenant le nombre de propriétaires fonciers avec la population agricole de l'Egypte qui est de 6.208.073 habitants, nous avons un propriétaire par un peu plus de huit habitants des campagnes.

Au point où en est l'Egypte, le nombre des petits propriétaires est, comme on le voit, suffisamment grand. Mais il ne faut pas faire dire aux chiffres que nous venons de donner plus qu'ils ne disent en réalité. Si le nombre des petits propriétaires parait grand, la plus grande partie des terres reste cependant entre les mains des princes de la famille khédiviale, de certaines administrations, comme les Domaines, la Daïra Sanieh (2), et les riches particuliers. Et malheureusement, rien ne fait espérer un plus grand morcellement de la terre ; la petite propriété est, au contraire, sérieusement menacée dans son existence.

Certes, le petit propriétaire ne souffre plus de l'insécurité de jadis, il jouit d'un traitement juste et égalitaire, l'administration est devenue pour lui plus paternelle et

(1) Dont 3,437,800 fed. dans la Basse-Egypte et 2,319,300 fed. dans la Haute-Egypte. Cette superficie cultivée augmente tous les ans.

(2) Cependant, depuis quelques années, la Daïra Sanieh et les Domaines divisent les vastes terres qu'ils possèdent en petites parcelles qu'ils vendent aux petits cultivateurs à de très bons prix : et ainsi, tout en réalisant de grands bénéfices, ils contribuent au morcellement de la terre.

moins arbitraire et les voies de droit lui sont largement
ouvertes pour faire triompher ses revendications et pour
obtenir bonne justice. Mais la petite propriété souffre
d'un mal caché qui lentement la ronge et qui finira par
la faire disparaître, si on n'y prend garde ; ce mal, c'est
l'usure.

DEUXIÈME SECTION

LES BESOINS D'ARGENT DU PETIT PROPRIÉTAIRE

Le fellah a souvent besoin d'emprunter. Tous les propriétaires du monde ont besoin d'un fonds de roulement
pour les dépenses courantes d'exploitation du sol. L'industrie agricole, en effet, ne donne de recettes qu'à des
époques déterminées, tous les ans et quelquefois deux
fois par an pour les cultivateurs égyptiens, plus avan-
tagés que les autres, sous ce rapport ; tandis que les
dépenses qu'elle exige sont continues : il faut que le cultivateur fasse continuellement des avances à la terre. Et
c'est pourquoi on a senti, dans certains pays, le besoin
de créer le crédit agricole, qui a existé en Chine, paraît-
il, de temps immémorial (1), et qui est actuellement
organisé en Allemagne, sous forme de sociétés de crédit
mutuel entre propriétaires, sociétés dont les plus célè-
bres sont les Banques Raiffeisen. Ce crédit existe également dans d'autres pays d'Europe, sous des formes
diverses, comme en Italie et en France. Aucune institu-

---

(1) Ch. GIDE. — *Principes d'Économie politique.*

tion de ce genre n'est connue en Egypte où les propriétaires n'ont pas encore eu l'idée de se concerter entre
eux pour se défendre contre les usuriers, pour diminuer
les frais d'exploitation et pour appliquer sur leurs terres
des perfectionnements de l'art agricole, par l'acquisition
en commun des machines, des engrais, des chemins de
fer Decauville ; ou enfin, pour vendre leurs produits à
bon prix.

Outre les dépenses courantes d'exploitation, qui sont
pour ainsi dire inhérentes à sa qualité de propriétaire,
la civilisation et ses goûts naturels pour la dépense sus-
citent au fellah des besoins d'argent presque journaliers.

La civilisation d'abord, entrée dans ce pays avec son
cortège de luxe et de confort, a créé au fellah, malgré sa
sobriété native (que les prescriptions de sa religion contribuent à augmenter), des besoins nouveaux, auxquels
n'a pas correspondu une augmentation proportionnelle
de ses revenus. Aujourd'hui le fellah voyage en chemin
de fer, alors qu'il voyageait autrefois à âne, à chameau
ou à cheval, sans bourse délier. Il se sert de la poste et
du télégraphe, il s'habille richement, ses cafetans en soie
coûtent plus cher qu'un costume à l'européenne sortant
des magasins d'un bon faiseur, tandis qu'il se contentait
autrefois d'une longue chemise en coton et d'un long
sarrau teint en indigo. En un mot, les conditions maté-
rielles de la vie sont devenues beaucoup plus onéreuses

et le forcent à faire des frais beaucoup plus considérables que jadis.

Ses goûts pour la dépense le poussent aussi dans ce sens. Quoique très sobre par nature et se contentant de peu, le fellah a conservé les habitudes d'hospitalité, de générosité de ses ancêtres, les Arabes. Il est bien rare qu'il se mette seul à table, et ses hôtes, souvent très nombreux, sont nourris avec une abondance qui n'est pas sans coûter beaucoup (1). La circoncision de ses enfants et leur mariage, ou même le mariage d'un parent éloigné et peu aisé, dont il fait lui-même les frais, sont pour lui des cérémonies presque ruineuses. Les Européens, qui ont visité l'Egypte et qui ont eu l'occasion d'assister à l'une de ces cérémonies, ont pu voir le luxe qu'on y déploie : les portes sont ouvertes à toute personne invitée ou non, et tout le monde est admis à la maison et à la table, sans distinction. A la campagne, la coutume est la même que dans les villes.

Une autre cause de dépense et non des moindres, ce sont les cadeaux et toutes sortes d'épingles que le fellah doit offrir sans cesse aux autorités locales, afin de se faire bienvenir d'elles et d'être dans leurs bonnes grâces. C'est surtout à l'occasion des irrigations, que le fellah

---

(1) « La table des individus jouissant même d'une modeste aisance est des plus copieusement servie ; le nombre, le volume et la diversité des plats sont toujours un sujet d'étonnement pour l'étranger qui croit revivre un chapitre de Rabelais. » V. M. Piot bey. Conférence faite à la Société Khédiviale de Géographie le 20 mai 1899 : « Causerie ethnographique sur le fellah », p. 23.

est le plus exploité : s'il ne paie pas, il ne peut arroser
son champ, car, malgré tout ce qu'on a fait pour rendre
l'administration incorruptible, on n'est pas encore arrivé
à empêcher les ingénieurs, chargés de la distribution
des eaux dans les villages, d'accepter des cadeaux et de
vendre leur faveur à prix d'argent. Le fellah ignorant
encore ses droits, s'imagine que ces autorités locales ont
conservé leur omnipotence arbitraire de jadis et celles-ci
font tout ce qu'elles peuvent pour le maintien de cette
erreur pour elles si lucrative.

Cette situation s'aggrave encore et se complique d'une
crise dont souffrent tous les produits et qui est devenue,
depuis plus de vingt ans, une sorte de maladie endémi-
que. Depuis trente ans, les prix du coton, des céréales et
de tous les produits de l'agriculture se sont avilis avec une
périodicité inquiétante et que M. Prompt en 1891 et Lord
Cromer dans son rapport de 1894 ont judicieusement
signalée. Ainsi le prix moyen du Kantar de coton
(44 kg. 490 gr.) qui était en 1880, 1881 et 82 de 276 P. T.
est tombé graduellement ; en janvier 1893 il a baissé
jusqu'à 204 P. T. et il est arrivé, en 1894, à n'être plus
que de 152 P. T. (1). Le même malaise a pesé sur le prix
des autres produits agricoles : blé, orge, sucre, fèves,
haricots, etc. Ainsi, le sucre est tombé de 41 francs à
26 francs les 100 kilogrammes, le blé de 88 à 68 P. T.
l'ardeb (189 litres), les fèves de 71 P. T. à 64 P. T.
l'ardeb (2).

(1) et (2) V. Rapport de Lord Cromer agent diplomatique et
Consul Général d'Angleterre, pour l'année 1894, publié en 1895.

Les prix des fermages s'en sont nécessairement ressentis; leur moyenne qui était en 1880 de 140 P.T. est tombée en 1890 à 105 P.T. (1) et ne s'est pas encore relevée.

Depuis 1894, la situation ne s'est pas améliorée, et les prix sont restés à ce niveau, très bas et peu rémunérateur. La situation du propriétaire terrien, sans être désespérée, est cependant très mauvaise, surtout pour les cultivateurs de la Haute-Égypte dont l'existence dépend chaque année d'une récolte unique, récolte dont la valeur va sans cesse baissant (2).

Cette baisse générale des cours dont l'Égypte a souffert depuis plus de vingt ans, n'est due qu'en minime partie à la situation économique de l'Égypte; l'Europe en souffre également et s'en plaint. Ce qui donne à ce mal général cette persistance et cette acuité, c'est ce fait que *l'unité économique* (et par *unité économique* on entend toute collectivité qui, économiquement, se suffit à elle-même, sans avoir des relations d'échange avec d'autres collectivités analogues ou différentes), l'unité économique, disons-nous, s'étend et se dilate de plus en plus de telle sorte qu'elle embrasse aujourd'hui le monde

(1) V. tableau cité par M. Prompt devant l'Institut égyptien, le 6 février 1891. *Journal officiel égyptien* du 6 avril 1891.

(2) En raison du mauvais rendement du coton cette année-ci, son prix s'est relevé, et cela a provoqué une hausse générale de tous les prix. Mais c'est une crise qui ne durera probablement pas. Rien ne fait prévoir que la cause de la hausse actuelle (la mauvaise crue) ne se représentant pas l'année prochaine, le prix des produits agricoles reste élevé comme il l'est aujourd'hui.

presque entier. Cela veut dire que, de nos jours, un groupement quelqu'important qu'il soit ne peut plus, à cause de la division de plus en plus grande du travail, trouver chez lui tout ce qui est nécessaire à la satisfaction de ses besoins ; les plus grands pays demandent à l'étranger, le blé, le fer, le coton et bien d'autres choses non moins indispensables à la vie.

Dans l'antiquité, au contraire, *l'unité économique* était aussi restreinte que possible et l'idéal était que, non seulement chaque nation, mais aussi que chaque petit groupement, chaque *famille* (1) pût former une entité capable de se suffire à elle-même. Cette restriction excessive de l'unité économique était, comme le faisait remarquer un de nos professeurs de la Faculté de Paris, une nécessité évidente à une époque où les peuples vivaient dans un état quasi normal de guerre et où par conséquent, chaque pays ne devait compter que sur lui-même pour la production des choses nécessaires à son existence; il ne pouvait songer à établir des relations commerciales bien importantes avec un Etat voisin, ces

---

(1) Le mot « famille » était beaucoup plus compréhensif que de nos jours. La famille antique était tout un petit monde groupé autour d'un chef unique et placé sous sa puissance ou sa *manus*. Outre la femme et les enfants du *paterfamilias* non émancipés, ainsi que leurs épouses et descendants, le groupe familial comprenait aussi les enfants adoptés ou adrogés, les personnes *in mancipio* et les esclaves. Les affranchis eux-mêmes apportaient très souvent leur concours à ce groupe nombreux ; en vertu *des droits de patronat* (les jura patronatus) l'affranchi s'engageait sous la foi du serment à fournir à son patron certains services appelés *operæ* (V. Eug. PETIT. *Traité élémentaire de droit romain*, p. 79.)

relations étant menacées d'être rompues d'un instant à
l'autre par la guerre. De plus, le développement du
commerce international était contrarié par l'insécurité des
routes et par l'absence des moyens rapides de communication que la civilisation peut avoir à son service. L'unité
économique était donc fort restreinte dans l'antiquité,
tandis qu'aujourd'hui elle embrasse l'ensemble des peuples commerçant entre eux. De telle sorte que nous nous
rapprochons d'un marché universel unique sur lequel la
concurrence provenant de tous les points de l'horizon
provoque une forte tendance à la baisse. Nous en sommes arrivés à ce résultat grâce aux moyens de transport
et de communication perfectionnés qui ont presque supprimé les distances et ont détruit l'isolement économique
ancien (1), grâce aussi à la disparition des barrières léga-
les élevées partout jadis pour enfermer chaque région
chez elle et en faire une entité économique pouvant se
suffire à elle-même. La navigation à vapeur et les chemins de fer ont permis de coloniser des parties très éloignées de la planète et d'y introduire tous les moyens

(1) « Les voies de communication, voies ferrées ou voies mariti-
mes, sont jetées à travers les continents et les rapetissent, ou sont
creusées entre les mers et les réunissent. L'Afrique est déjà ouverte.
L'Asie s'agite en ses retraites profondes, comme si elle préparait la
secousse décisive qui va l'ouvrir à son tour. La terre ne sera plus
bientôt qu'un immense marché où les nations, assises autour d'une
mer unique étaleront leurs produits. » Extrait de la conférence de
M. Gabriel Hanotaux « Le Havre dans l'histoire de France » faite
au Havre, devant les membres de la Société de Géographie commerciale de cette ville, le 23 novembre 1900. V. *Le Journal* du 21 nov.
1900.

découverts par la science moderne pour tirer des richesses naturelles le plus de profit possible. Et ces colonies
à la terre encore vierge, sous l'impulsion des hardis pion-
niers de la civilisation, se sont mises à produire beaucoup et à bon marché; et leurs produits surgissant sur
le marché de l'ancien monde, grâce aux réductions énormes subies par les tarifs de transport, y ont jeté une
grande perturbation et occasionné la mévente dont les
effets se sont fait ressentir partout. Ainsi la baisse du
blé a été d'environ 40 % dans ces derniers 25 ans pour
les grands marchés du monde. En Allemagne en 1879-82
le prix moyen du blé était de 26 fr. 25 les 100 kil.

> en 1895....   18 fr.   —
> à Paris en 1892.... 23 fr.   —
> en 1895........... 19 fr. 37   —

et cela en dépit du tampon des droits protecteurs (1).

La conséquence de cette mévente, en Europe, a été une
baisse sans précédent dans la valeur du prix du sol et
des fermages (2).

Cette crise dont les effets se sont fait ressentir également dans ce pays fait un tort considérable au producteur égyptien, alors qu'il lui serait plus facile qu'à tout
autre d'en atténuer les conséquences en ce qui le concerne. Le perfectionnement du système d'irrigation a

-----

(1) L. WUARIN, article publié dans la *Revue des Deux-Mondes*,
15 juin 1900, sur la « Crise des campagnes et des villes ».
(2) L. WUARIN, *loc. cit.*

facilité la culture d'une plus grande étendue de terres.
Mais les procédés de la culture égyptienne ne sont pas
encore bien perfectionnés (1) et si la superficie cultivée
est aujourd'hui plus grande, la terre qu'on exténue
sans l'amender, produit de moins en moins, de sorte que
la production nationale augmente, mais le rendement de
chaque feddan tend à diminuer. C'est surtout cela qui
rend difficile la situation des producteurs égyptiens. Au
jour où ceux-ci, adoptant les procédés de culture inten-
sive, rendront à la terre, en engrais, les matières fertilisantes qui lui sont enlevées, lorsqu'aussi l'usage des
machines aura diminué les frais d'exploitation, la baisse
des prix sera compensée dans une large mesure, par
l'augmentation du rendement de la terre. Les grandes
étendues naguère incultes et mises en culture aujour-
d'hui en Amérique, en Russie, dans l'Inde et en Chine
ont, nous l'avons déjà dit, jeté une grande perturbation
dans le marché et produit successivement des diminu-
tions notables dans les prix. Mais il est certain que le
cultivateur égyptien, en suivant les procédés perfectionnés de culture, pourra mieux que tout autre producteur supporter les conséquences de cette crise générale,
car outre que ses besoins sont bien moindres que ceux du
cultivateur d'Europe, sa terre est des plus fertiles, et
cette fertilité est partout connue et vantée. Insister après

« Les instruments aratoires qui figurent sur les hypogées des premières dynasties humaines sont à peu de chose près les mêmes que
ceux employés par le fellah de nos jours » V. PROF BEY, *loc. cit.*

tant d'autres sur ce fait évident et vouloir prouver que
toute la richesse de l'Égypte réside dans son sol, c'est
tomber dans les lieux communs.

Malgré cela, M. le duc d'Harcourt qui conteste tout
aux Égyptiens, va jusqu'à leur contester même la fertilité de leur sol : « Ce serait, en effet, dit-il, une erreur de
croire que le sol de l'Égypte soit particulièrement fertile,
que les récoltes y soient très fortes : pour le blé, par
exemple, dans les terrains submergés par l'inondation du
Nil, le rendement *moyen*, accusé par la statistique, est
de quatorze hectolitres quarante litres à l'hectare, tandis
que dans les *bonnes* terres du nord de la France, il
s'élève normalement à trente-deux hectolitres, et peut
s'élever beaucoup plus haut encore dans des circonstances
favorables (1)...

Remarquez d'abord que M. le duc d'Harcourt compare
le *rendement moyen des terrains submergés par l'inondation* du Nil avec le rendement normal des *bonnes
terres* du nord de la France. Il omet de nous dire, et ce à
dessein, si les terrains submergés par l'inondation sont
de bonne qualité comme les terres de France auxquelles
il les compare. Il manquait cet éclaircissement pour que
son erreur fût patente. En effet, chez nous, le feddan
bien engraissé dans les bonnes terres, comme celles de
la Moudirieh, de Menoufieh, peut donner jusqu'à
20 ardebs, soit 39 hectolitres, 60 litres ; la superficie du

_____

(1) *L'Égypte et les Égyptiens*, page 260.

feddau étant de 4,200 m. c., l'hectare donnerait donc
94 hect. 24 litres. Après le blé, ce même feddau donne
encore une quantité égale de maïs, puis on y sème du
bersim, plante herbacée du genre du trèfle servant à la
pâture des bestiaux, et tout cela dans l'espace de douze
mois, de novembre à décembre de l'année suivante.

Il est donc évident que, dans les régions où la terre est
fertilisée par les engrais, son rendement est merveilleux.
Mais jusqu'au jour où ces procédés d'amendement et de
perfectionnement de l'art agricole se seront introduits
partout, le producteur égyptien devra pâtir de la situation malaisée créée par la crise actuelle.

Cette crise s'est compliquée en 1899 et en 1900 de
fluctuations très grandes dans les cours, ce qui a occasionné la ruine de beaucoup de petits et de grands propriétaires, entraînés dans des spéculations de Bourse.
Parmi ces victimes de la spéculation, les seules vérita-
blement dignes de plainte sont les petits propriétaires,
poussés à ce gouffre par des courtiers et tous les lanceurs
d'affaires qui font miroiter à leurs yeux éblouis l'espoir
d'un enrichissement facile, un simple coup de filet à la
Bourse, et les conduisent à la ruine, au moyen de cet
appât irrésistible. Le gouvernement devrait mettre un
frein à ces spéculations folles, qui commencent à devenir
la tombe des petites fortunes ; le public qui n'entend
généralement rien du tout aux questions de Bourse,
s'abandonnant avec confiance à des courtiers plus ou

moins honnêtes qui spéculent pour lui au gré de leur
caprice ou de leur mauvaise foi.

Nous ne voulons pas demander au législateur égyptien
d'établir une distinction entre les marchés à terme réels
et les marchés à terme fictifs, qui ne sont qu'un simple
pari sur les cours, et d'interdire ces derniers, en leur
opposant l'exception de jeu. Cette distinction est presque impossible à établir ; en effet, une vente à terme
sérieuse peut ne pas se résoudre par une livraison effec-
tive, si l'acheteur laisse revendre à ses risques en cas
de baisse, en ne payant que la différence des cours (1).
On ne peut non plus demander la prohibition complète
des marchés à terme, qui sont d'une incontestable utilité (2). Le législateur égyptien doit donc se résoudre,
comme le législateur français en 1885, à maintenir la
validité des marchés à terme et à exclure l'exception de
jeu, qu'on pourrait leur opposer. Mais si les nécessités
du commerce lui interdisent toute action directe sur les
opérations de Bourse, il lui incombe de réglementer la
profession de courtier pour en interdire l'exercice aux
personnes inaptes ou malhonnêtes. Il est certain, en
effet, que si les courtiers avaient été régis par un règlement gouvernemental ou même corporatif, les spéculations auraient été moins effrénées et les pertes beaucoup
moindres. Ces pertes sont aujourd'hui si considérables
que plusieurs personnes ont refusé de payer, se retran-

(1) et (2). V. Ch. LYON-CAEN et L. RENAULT. — *Manuel de
Droit Commercial.* Voir également, *Traité de Droit commercial,*
des mêmes auteurs, t. IV.

chant, comme les spéculateurs français en 1882, derrière
l'exception de jeu ; car, chez nous, aucune loi spéciale
n'a été faite pour maintenir, d'une façon absolue, la validité des marchés à terme et pour priver les spéculateurs
du droit d'invoquer cette exception. La question est
actuellement pendante devant les tribunaux, dont on
attend la décision avec anxiété. Déjà le tribunal mixte
de 1re instance du Caire, saisi de ces affaires, a rendu un
jugement défavorable aux spéculateurs. Cette issue, à
supposer qu'elle ne soit pas strictement conforme aux
prescriptions de la loi, est un triomphe de la morale et
de l'équité. Admettre les principes dont se prévalaient
les spéculateurs malheureux pour se dérober au paiement de leurs dettes, alors surtout qu'ils n'avaient eu
aucun scrupule à empocher les bénéfices, ce serait donner une arme à la mauvaise foi et une prime à l'immo-
ralité. C'est pourquoi nous pensons que la Cour mixte ne
manquera pas de confirmer le jugement de première instance, au cas où ces affaires de Bourse seraient portées
devant sa juridiction.

Enfin l'année 1900 s'est présentée sombre et menaçante pour les cultivateurs, la crue du Nil ayant été
plus basse qu'elle ne le fut jamais depuis que les cotes
du fleuve sont enregistrées au Ministère des Travaux
publics. Pour tâcher de sauver la récolte cotonnière, le
gouvernement a dû retarder jusqu'à l'inondation prochaine la culture du maïs, qui est d'un intérêt vital pour
le fellah, puisque c'est le maïs qui forme sa principale

et presque unique nourriture. Malgré cela, la production
cotonnière de l'année 1900 a été très éprouvée ; on peut
évaluer le déficit total à 25 %. Le relèvement des prix a
compensé heureusement le déficit de la récolte. Mais, en
revanche, le prix des bestiaux, des semences et des conditions générales de la vie a presque doublé.

Pour faire face à toutes les difficultés de la situation
présente et aux multiples dépenses qui lui incombent
dans le courant de l'année, dépenses d'exploitation et
dépenses personnelles, le petit propriétaire est bien
obligé de recourir à l'emprunt.

TROISIÈME SECTION

LE PETIT PROPRIÉTAIRE ET LES USURIERS

Les institutions de crédit et les relations fiduciaires
qui n'atteignent leur plein développement que chez les
peuples de civilisation avancée, sont encore assez res-
treintes dans ce pays et les banques se montrent ici
d'une circonspection extrême, surtout quand il s'agit du
fellah. Celui-ci ne peut obtenir de l'argent qu'en hypo-
théquant ses biens au Crédit foncier Égyptien ou en
s'adressant aux simples particuliers.

Or, le Crédit foncier se montre également très défiant,
et avec raison ; il n'accepte pour gage que des biens dont
les titres de propriété sont, soit des actes authentiques,
soit des actes sous seing privé transcrits depuis au

moins cinq ans, délai au bout duquel prescrit le possesseur avec juste titre (1). D'autre part, la somme *minima*
qu'il consentait à prêter était de 300 L. E. (2); en 1899,
sur les instances réitérées du gouvernement, ce chiffre fut
réduit à 100 L. E.; mais ce minimum lui-même reste
trop élevé pour le petit cultivateur. Il faut enfin ajouter
que le fellah a souvent peur du Crédit foncier, car il
craint de se voir exproprié de sa terre, s'il ne paie pas à
l'échéance et il *n'est pas habitué à l'exactitude dans les
paiements.*

Il faut donc qu'il ait recours aux simples particuliers.
Ceux d'entre eux qui veulent se contenter d'un intérêt
raisonnable, ne lui prêtent point, car il a la réputation
d'un mauvais débiteur; d'ailleurs, les placements de
toute sécurité et qui sont honnêtement lucratifs ne man-
quent pas en Égypte. Seuls, les audacieux ne craignent
pas d'entrer en relations avec le fellah, et suivant le dic-

---

(1) Le Crédit foncier égyptien, société anonyme au capital de
80 millions de francs, fut fondé en vertu d'un firman du khédive en
date du 15 février 1880. Dans les premiers temps de son existence,
il faillit sombrer sous le coup de plusieurs prêts malheureux qu'il
avait consentis sur des terrains de valeur dérisoire. Pour éviter un
désastre, il dut lancer, le 1ᵉʳ mai 1886, 400.000 obligations à lots, à
250 fr. l'une, portant intérêt à 3 0/0, dont il amortit un grand nombre chaque année. Aujourd'hui, il s'entoure des précautions les plus
minutieuses. Il fait visiter et estimer le terrain à hypothéquer par
des personnes compétentes et honnêtes, se fait délivrer des certificats
par le bureau des hypothèques des trois tribunaux mixte, indigène
et mehkémé, par le cheik du village et le percepteur des impôts.
Toutes ces formalités longues et coûteuses éloignent du Crédit foncier les petits emprunteurs.

(2) La livre égyptienne vaut 25 fr. 923525.

ton connu, ils ne tardent pas à être favorisés de la fortune : *audaces fortuna juvat.* Ce sont les chevaliers de l'usure qui lui prêtent largement sur sa simple signature ou son cachet et qui l'exploitent de la façon la plus honteuse.

Dans un village arrive, pour y ouvrir boutique, un individu d'apparence misérable; il commence à vendre très cher des objets frelatés et des marchandises de qualité inférieure; en même temps il pratique l'usure en petit, prêtant 2 fr. 50 (10 P. E.) pour en avoir 3 fr. 75 (15 P. E) une semaine après, au jour du marché, où son débiteur pourra vendre quelque chose. A la fin de l'année, il a gagné de quoi agrandir son commerce et y introduire plus de choix; le prêt continue aussi, se développant de plus en plus. Bientôt cet homme jusque-là obscur, devient une personnalité marquante et s'octroie le nom de banquier. Alors voici comment il opère.

Un fellah a besoin d'argent, il lui prête ordinairement la livre sterling (97 P. E. 1/2) à 125 P. E. C'est du 27 1/2%. Rarement ce taux est réduit à 25 % (1), le plus souvent, il atteint 30 %. Le prêteur écrit un billet à ordre de la somme due et y appose le cachet du fellah qui, ne sachant pas lire, cachète de confiance. Cet intérêt moyen de 27 1/2 %, déjà excessif, n'est, en réalité, qu'une partie des bénéfices que l'usurier compte réaliser.

(1) Il y a quelque temps, les intérêts étaient beaucoup plus usuraires, on prêtait la livre à une livre et demie à la récolte.

Voici quelles sont ses autres sources de bénéfices : D'abord il prête toujours jusqu'au mois d'octobre, c'est l'époque où le fellah récolte son coton. A quelque moment de l'année que l'emprunteur se présente, l'intérêt est calculé pour l'année entière et la somme est exigible en octobre (que les habitants appellent le mois des usuriers). Quelquefois le cultivateur est obligé d'emprunter en juin ou en juillet, pour acquitter la partie de l'impôt foncier échue à cette époque ; il faut qu'il paie quand même, jusqu'au mois d'octobre, l'intérêt d'une année entière. Que de désenchantements et de honteuses exploitations ce mois d'octobre réserve au pauvre fellah !

L'échéance est arrivée, quelquefois sans qu'il s'en doute, le calendrier grégorien lui est inconnu et d'ailleurs le connaîtrait-il que ce serait le plus souvent la même chose ; *le fellah n'aime pas l'exactitude, il ne peut payer à l'échéance.* Quand le créancier se présente, réclamant son argent, le coton n'est pas encore récolté : le fellah tremble instinctivement à la vue de ce créancier. Autrefois quand on ne le payait pas à l'échéance, il se plaignait aux autorités communales qui, sans autre forme de procès, lui permettaient de se payer en chassant le débiteur de son champ et de sa maison et en se les appropriant. Le souvenir de ces injustices inouïes conserve à l'usurier son terrorisant prestige de jadis. N'étant pas encore en mesure de le payer, le débiteur lui vend son coton à un prix de beaucoup inférieur aux cours du jour qu'il ne connaît pas ; dans son village éloigné de tout centre, il n'a aucun moyen de se renseigner. Le prix du coton subit de fréquentes et brusques variations ; le Kantar peut hausser ou baisser de plus de 10 piastres en un jour. L'usurier qui est tenu au courant, par les dépêches que ses correspondants dans les villes lui envoient sans cesse, abuse de cet avantage considérable. Le village entier est sous l'impression d'une baisse survenue il y a une semaine.

Depuis deux jours, les prix se sont relevés, et les villageois n'en savent rien encore. C'est alors que l'usurier se présente, mettant à ses débiteurs le couteau sous la gorge et les forçant à lui vendre leur coton au prix le plus bas. C'est le troisième bénéfice sur lequel il comptait, mais ce n'est pas le dernier. Cet impitoyable bourreau attend encore sa victime pantelante à la livraison de la marchandise, pour lui porter un dernier coup. Le coton doit être pesé, c'est l'acheteur qui le pèse, et il vole sur le poids de la façon la plus éhontée et la plus révoltante.

En Égypte, on en est encore à un instrument de pesage imité de la *balance romaine* et qu'on appelle *Sibia*, instrument dont l'usage est très peu commode ; il faut en avoir eu une longue habitude pour savoir le manier ou le contrôler.

Le gouvernement, pour diminuer les abus auxquels une pareille balance peut donner lieu, avait désigné des poseurs publics et réglementé leur profession, en même temps qu'il faisait percevoir un droit de pesage au profit de l'État. Mais un décret du 31 décembre 1889 a rendu libre la profession de peseur et a supprimé le droit de pesage perçu au profit de l'État. En même temps, ce décret rapportait l'interdiction faite autrefois aux particuliers de détenir des instruments de pesage (1).

Plus rien ne s'oppose donc aux vols commis sur le poids par ces commerçants sans conscience. Si le vendeur ne s'y entend pas et se laisse voler de bonne grâce, tout est dit. Si, par hasard, il veut contrôler, s'aperçoit du vol et proteste, l'acheteur lui fait catégoriquement entendre qu'il exige l'abandon d'un poids déterminé, parce que le coton est de mauvaise qualité ou bien parce qu'il est *humide*. Il faut avouer que les fellahs, ayant la certitude qu'ils seront volés sur le poids, croient se rattraper un peu en imbibant leur coton d'eau, pour qu'il pèse davantage. L'acheteur ne manque pas de s'apercevoir de cette ruse grossière et il en prend prétexte pour voler à son aise et sans retenue. Presque toujours le vendeur cède, tant est grande la fascination que l'usurier exerce sur lui. Et puis, il ne faut pas qu'il l'indispose, car il aura encore besoin de ses services.

En effet, volé par le taux exorbitant d'un intérêt usuraire, volé sur le prix et sur le poids, son coton ne peut suffire à payer ce qu'il doit et à lui donner l'argent nécessaire à ses frais d'exploitation et à ses dépenses personnelles pour l'année suivante. On s'accorde donc pour renvoyer le paiement d'une forte partie de la somme due à l'année suivante ; de sorte que le fellah, une fois entré

(1) V. Répertoire de Phil. GELAT.

en relations avec les usuriers, ne peut plus se débarrasser
du carcan qu'ils lui mettent au cou, et tous les produits
de sa terre, qu'il a travaillée sans relâche, lui, sa femme
et ses enfants, suffisent à peine à payer les intérêts que ces
usuriers lui réclament.

En additionnant à la fin de l'année les bénéfices qu'il
a ainsi réalisés, l'usurier a un *minimum* que l'on peut
évaluer à 60 ou 70 0/0. A ce compte, il s'enrichit bien
vite et se retire dans son pays d'origine, pour vivre des
revenus d'une fortune gagnée aussi honnêtement.

Outre ces usuriers des campagnes, il y a aussi ceux des
villes qui ne procèdent pas autrement et ne réalisent pas
moins de bénéfices.

Ce tableau est bien triste et bien sombre, il n'est nullement exagéré. Tous ceux qui ont passé quelque temps
dans nos campagnes ont pu voir s'accomplir ces infâmes
exploitations que protègent, dans une certaine mesure,
les privilèges consulaires et contre lesquelles la loi est
désarmée et la répression impuissante. Et l'on peut soutenir hardiment que, de tous les cultivateurs du monde
civilisé, le fellah égyptien est la plus grande victime de
l'usure et l'être le plus indignement exploité.

QUATRIÈME SECTION
REMÈDES A LA SITUATION DU PETIT PROPRIÉTAIRE.

Depuis longtemps le gouvernement égyptien s'est
rendu compte de cette exploitation systématique du

fellah, sans pourtant lui trouver un remède efficace. Le
mal est, il faut le dire, difficile à guérir. Le fellah n'est
pas un mauvais débiteur, comme certains le croient,
mais il a le grand défaut de ne jamais payer à l'échéance.
L'inexactitude est dans sa nature et le mot demain veut
dire dans sa bouche quinze jours ou un mois. « Impré-
voyant jusqu'à l'aveuglement, le fellah emprunte autant
qu'il peut, à des taux toujours très élevés, sans s'inquiéter de l'échéance qui lui réserve de très désagréables
surprises (1). » Cette imprévoyance s'explique par la
condition sociale du fellah, pareille à celle des hommes
primitifs, et par un fatalisme ignorant et aveugle, le
poussant à satisfaire le besoin présent qui le presse et
l'empêchant de faire des prévisions d'avenir. Or, il faut
que l'homme soit habitué par son éducation et par son
genre de vie à faire un certain effort mental, à se fami-
liariser avec l'abstraction, car l'avenir n'est pas autre
chose qu'une abstraction, pour qu'il puisse être prévoyant et pour qu'il ne vive pas au jour le jour. Le
fellah encore ignorant et inculte, dépense allègrement
ce qu'il a, sans se préoccuper de l'échéance de demain,
et, comme le sauvage dépeint par Montesquieu, il coupe
l'arbre au pied pour avoir le fruit (2). C'est une difficulté véritable qu'il faut à tout prix surmonter pour
arriver à combattre l'usure. Nous allons voir comment
le gouvernement a essayé d'en triompher, en examinant

(1) Piot Bey. — *Loc. cit.*
(2) V. Gide. — *Loc. cit.*

les mesures qu'il a prises pour réprimer l'usure et pour
protéger la petite propriété (1). Avant de chercher un
remède efficace à l'usure, le gouvernement avait voulu
savoir si les cultivateurs acceptaient facilement d'abandonner les petits banquiers des villes et des campagnes
pour emprunter à meilleur compte et s'ils étaient de
bons ou de mauvais débiteurs. Pour cela, il leur prêta
en 1896, la somme de 10.000 L. E. à titre d'essai. Cet
essai démontra qu'ils acceptaient avec joie tout moyen
leur permettant d'emprunter à peu d'intérêt mais que,
malgré la crainte que le gouvernement inspire au fellah,
la rentrée des sommes prêtées ne s'effectuait qu'avec
peine. En 1898, une société anonyme anglaise fonda la
« National Bank of Egypt » dont la direction fut confiée
à Sir Elwin Palmer, financier très habile qui occupa
pendant quelque temps le poste de Conseiller au Ministère des Finances. Cette banque ayant, entre autres buts,
celui de venir en aide aux petites gens, en leur permettant d'emprunter à court délai, reçut l'approbation et
l'appui du gouvernement égyptien, qui crut trouver enfin
la solution du problème qu'il cherchait depuis si longtemps à résoudre. Pour remédier à l'inexactitude du fellah et faciliter à la « National Bank » la rentrée de son
argent aux échéances, un décret khédivial ordonna aux
sarafs (percepteurs des impôts) de recouvrer les sommes
dues à la « Bank » par les cultivateurs en même temps

(1) Tous les renseignements qui vont suivre sont tirés des Rapports annuels de Lord Cromer et sont d'une exactitude rigoureuse.

et de la même façon que l'impôt foncier. La « Bank » commença à prêter à titre d'essai, dans le *Markaz* (commune) de Bilbeis, qui compte soixante-huit villages, dont cinquante appartenant à de petits propriétaires. Elle prêta 4.780 L. E. à 1.580 petits propriétaires au printemps et au commencement de l'été de 1899 ; toutes ces sommes devant venir à échéance à l'automne de la même année. Sir Elwin Palmer déclara à Lord Cromer, à la fin de l'année 1899, qu'il était pleinement satisfait de cet essai et que toutes les sommes prêtées étaient intégralement rentrées par le moyen des percepteurs des impôts.(1).

Mais la dette du fellah est de deux catégories : il y a, d'abord, les petites sommes qu'il emprunte au commencement de l'année et qu'il paye à l'époque du coton, c'est ce qu'on pourrait appeler le fonds de roulement nécessaire à l'exploitation du sol ; à côté de cela, il y a les sommes qu'il emprunte dans le courant de l'année pour des motifs multiples, qui sont plus considérables que les *premières* et à *échéance plus longue*. Il est certain que, si la National Bank se bornait à consentir les prêts de la première catégorie, elle ne pourrait rendre aux cultivateurs un bien grand service ; car la dette dont le poids est le plus lourd est celle de la deuxième catégorie, à cause des intérêts excessivement usuraires que se font payer les petits banquiers habitant les villes et les cam-

(1) Rapport de Lord Cromer pour l'année 1899.

pagnes Il suffit que le fellah fasse un de ces emprunts pour qu'il soit pris dans l'engrenage d'un endettement d'où il lui est impossible de sortir, quelque petite que soit la somme qu'il a empruntée à l'origine. C'est dans ce but que la National Bank a consenti à prêter 26,720 L. E. payables *en cinq annuités*, toujours dans le Markaz de Bilbeis.

Les prêts quinquennaux diffèrent des prêts venant à échéance dans la même année, en ce que ces derniers ne peuvent être inférieurs à 50 P. T. ni dépasser 20 L. E. et qu'ils sont consentis sur simple signature à toutes personnes payant une cote foncière; tandis que les premiers sont de 10 à 200 L. E. et ne sont consentis que sur hypothèque.

Il était à craindre que la « National Bank » ne retirât pas de ces petites opérations un bénéfice équivalent à sa peine et aux frais qu'elle est obligée de faire. Aussi le gouvernement a-t-il pensé qu'il fallait lui assurer un bénéfice suffisant, afin de lui permettre de continuer ces petits prêts et de délivrer le fellah des usuriers qui le dépouillent. Aussi a-t-elle été autorisée à percevoir 1 % à titre de commission pour ses agents dans les villages, en sus du taux de 9 % qui est l'intérêt conventionnel maximum permis par la loi (1). Sur ces 9 % on évalue qu'il y aura 3 % de frais et que le bénéfice net de

_____

(1) L'intérêt légal est de 5 % en matière civile et de 7 % en matière commerciale, l'intérêt conventionnel ne peut jamais être supérieur à 9 %. (Décrets du 10 juillet et du 7 décembre 1892.)

la « National Bank » sera de 6 %, dont il faudra encore
défalquer les créances irrecouvrables (1).

Il faut souhaiter que la « National Bank » puisse, moyennant ce bénéfice, étendre les opérations de petits prêts.
Déjà, elle a commencé, en 1899, à prêter aux cultivateurs dans trois autres Markaz ; la somme de 100,000 L. E.
leur a été consacrée, dont 25,000 L. E. venant à
échéance dans la même année et 75,000 L. E. destinées
à des prêts sur gage pour une durée de cinq ans. D'autres agents de la « Bank » viennent d'être désignés
récemment dans la Basse-Égypte pour faire ces opérations dans plusieurs villages. De plus, la Caisse de la
Dette fait à la « Bank » des avances de fonds moyennant
un léger intérêt, pour l'aider à développer encore les
petits prêts aux cultivateurs dont on augure grand bien.

Voilà ce que le gouvernement égyptien et la « National
Bank » ont fait pour venir en aide au fellah et pour
alléger le poids de ses dettes ; c'est certainement un
grand pas en avant. Mais nous ne sommes pas encore à
l'heure où il sera débarrassé de toutes les entraves qui
l'empêchent de jouir du fruit de sa peine. Comme le dit
Lord Cromer lui-même à qui revient l'honneur d'avoir
patronné les petits prêts aux cultivateurs, la « National
Bank » en est encore à la période d'essai (2). On ne peut
affirmer qu'elle rencontrera partout les mêmes facilités
qu'elle a rencontrées dans les communes où l'expérience

(1) V. Rapport de Lord Cromer, 1899.
(2) Rapport pour l'année 1899

de ces petits prêts a été faite. Il faut longtemps aussi pour qu'elle obtienne la confiance de la majorité des cultivateurs, surtout à cause du privilège qu'elle a obtenu de faire rentrer son argent au moyen de la saisie administrative ; car rien ne fait trembler les cultivateurs comme les mesures administratives dont ils n'ont pas encore oublié la rigueur et les injustices d'antan. Forcés dans leurs derniers retranchements, les usuriers pourraient d'ailleurs réduire leurs taux et, par ce moyen, ils garderaient leurs clients, le fellah préférant payer 4 ou 5 % en plus à un prêteur accommodant, plutôt que de s'exposer, pour un simple retard, à une saisie administrative et à une exécution sommaire.

Mais, si le grave problème de l'usure n'a pas encore été complètement résolu, il est nécessaire que le gouvernement prenne certaines mesures propres à sauvegarder les intérêts des petits propriétaires et à améliorer leur situation. C'est d'abord à l'instruction des masses qu'il doit faire appel, pour combattre le fléau de l'usure et pour réfréner l'exploitation éhontée du fellah par tous ceux qui spéculent sur son ignorance et sa simplicité. Il faut aussi qu'il prenne les dispositions nécessaires pour faire parvenir aux habitants des campagnes les informations relatives aux prix des produits agricoles, notamment à celui du coton, afin d'empêcher des surprises et des lésions regrettables ; il doit aussi contrôler et réprimer sévèrement le vol sur le poids des marchandises.

Mais la mesure la plus humanitaire et la plus propre à alléger les charges des petits propriétaires, c'est la diminution de l'impôt foncier dont le poids les écrase. Cette mesure s'impose car la contribution foncière est lourde à tel point qu'elle en devient insupportable (1) ; alors qu'en frappant d'une imposition très légère les divers produits de l'activité économique, on pourrait soulager le propriétaire foncier, tout en augmentant les ressources du Trésor. Il est souverainement injuste d'exonérer de l'impôt les revenus du commerce, de l'industrie et des professions, ainsi que tous les titres représentant la fortune mobilière, qui se développe considérablement en Égypte, pour faire peser toutes les charges publiques sur le dos du cultivateur, lorsqu'au contraire l'intérêt économique de ce pays, qui vit de l'agriculture, commande de dégrever la terre autant que possible, afin de favoriser l'emploi des procédés perfectionnés, mais coûteux, de l'art agricole. Cette façon de faire peser sur les cultivateurs la plus grande partie des charges publiques, outre qu'elle est injuste, est donc aussi anti-économique, car elle décourage les améliorations du système de culture et l'emploi de grands capitaux dans les entreprises agricoles qui ne sont déjà que trop routinières, en Égypte.

Si maintenant on se place au point de vue de *son inci-*

(1) En France, où l'on se plaint de la lourdeur de l'impôt foncier, il n'atteint, avec les centimes additionnels, que 9 %.; en Égypte cet impôt est de 28 %. calculés sur le revenu net du propriétaire.

dence, on trouve que cet impôt est d'autant plus lourd qu'il se répercute exclusivement sur le propriétaire. En effet, il lui est impossible de faire supporter une partie de cette charge au fermier ou au consommateur des produits agricoles, à cause de la crise que nous avons déjà signalée et qui, depuis vingt ans, a avili considérablement les prix des produits et des fermages.

Le mode d'imposition adopté en Égypte semble être inspiré du système de *l'impôt unique* sur la terre prôné par l'école des physiocrates et par l'économiste américain Henri George ; il participe de toutes les critiques que l'on a, à juste titre, adressées à ce système dont le principal défaut est de décourager le progrès agricole en enlevant au propriétaire la plus-value qu'il a donnée au sol par son travail et ses avances (1).

Cependant le gouvernement égyptien, nous devons lui rendre cette justice, s'est depuis longtemps aperçu des vices de notre organisation fiscale et des préjudices qui en résultent ; mais, attristante considération ! il n'est pas libre de la réformer et de répartir plus équitablement les charges publiques. Les privilèges capitulaires qui ont pris, dans ce pays, une extension abusive, d'une part ; et d'autre part, l'ingérence de l'Europe dans toutes ses affaires, depuis qu'il s'est trouvé son débiteur (alors que certains États se débarrassent de leurs créanciers en recourant à la banqueroute), sont de puissantes entraves

(1) V. GIDE. — *Principes d'économie politique.*

à sa liberté (1). Il en résulte pour lui, au point de vue international, une situation anormale, une sorte de *maxima capitis diminutio* qui amoindrit singulièrement sa souveraineté ainsi que l'autorité et le respect auxquels il a droit; elle gêne aussi considérablement le développement de ses facultés économiques. Pour que l'impôt foncier pût être réduit, il faudrait créer de nouvelles taxes; or, les étrangers ne peuvent y être soumis sans le consentement de leurs puissances respectives : et, à moins de substituer à une partie de l'impôt foncier trop lourd, mais équitable, parce qu'il grève tous les propriétaires fonciers tant indigènes qu'européens, un nouvel impôt qui serait inique, parce qu'il ne grèverait que les égyptiens seuls, le gouvernement est bien forcé de garder le *statu quo*.

En 1891, après de longues et laborieuses négociations, un décret soumettant les étrangers à l'impôt de la patente fut promulgué avec l'acceptation des puissances. C'était justice; les indigènes payaient cet impôt et on ne pouvait permettre qu'ils continuassent à le payer à l'exclusion des Européens, d'autant plus qu'il était léger et très supportable.

---

(1) Par la loi de Liquidation, l'Egypte est sortie de la crise financière où elle se trouvait « avec l'intérêt de sa dette considérablement diminué et se trouva en mesure, encore une fois, de faire face à ses engagements; mais elle en sortit les pieds et les mains liés, incapable de respirer sans le consentement de l'Europe. » *L'Angleterre en Egypte*, par Sir A. MILNER, traduct. de M. Mazue.

Cependant, dès son apparition, il souleva une tempête de protestations et des clameurs telles que le gouvernement dut le supprimer en 1892 aussi bien pour les indigènes que pour les étrangers, car on ne pouvait sans iniquité, le faire supporter uniquement par les premiers.

Le privilège d'être exonéré des impôts, reconnu aux étrangers, constitue maintenant un anachronisme. A l'époque où il fut établi, il se comprenait très bien, car alors les étrangers étaient dans une situation d'infériorité marquée vis-à-vis des indigènes et ils ne bénéficiaient pas des avantages accordés à ces derniers. Mais, dans l'Egypte d'aujourd'hui, les étrangers profitent de tous les bienfaits du régime actuel autant sinon plus que les indigènes. Pourquoi donc ne supporteraient-ils pas la part qui leur incombe dans les dépenses publiques et pourquoi toutes ces entraves humiliantes à la liberté du gouvernement égyptien?

CHAPITRE IV

LE FELLAH OUVRIER AGRICOLE

En comparant les chiffres fournis par les deux recensements officiels faits, en 1882 et 1897, sous la direction de M. Boinet Bey, nous trouvons que la population agricole égyptienne était en 1882 de 4.199.671 âmes et qu'elle constituait les 61,7 % de la population totale du pays que le recensement de cette année estimait à 6.806.381 habitants. Le recensement de 1897 donne 9.734.405 âmes de population totale dont 6.208.073 habitants de population rurale ; celle-ci constitue par conséquent, en 1897, les 63,8 % du chiffre total des habitants.

Il y a donc eu, dans l'espace de quinze ans, une augmentation notable du nombre des campagnards, en même temps qu'une augmentation dans la proportion entre la population rurale et celle des villes. Cette constatation statistique est d'une grande importance au point de vue économique et social. Elle prouve que

l'Égypte n'est pas atteinte de ce grave changement intro-
duit dans la structure intérieure des nations d'Europe
par l'exode vers les villes qui draine le personnel des
champs et dépeuple les campagnes. Cette migration vers
les centres urbains, avec ses profondes et multiples
répercussions sur le bien-être général et la rupture de
l'équilibre démographique qui en est la conséquence,
constitue, on peut le dire, un des événements les plus
caractéristiques et les plus alarmants du siècle finis-
sant, « qui ne nous a pourtant pas épargné les surprises » (1). Pour marquer nettement les caractères de cette
évolution, mettons, en regard des chiffres fournis par la
statistique égyptienne, quelques chiffres empruntés à
un article de M. Louis Wuarin sur « la crise des campagnes et des villes » (2). En Angleterre en 1851, on
comptait 49 % de population agricole; en 1888, 40 %
seulement. En Allemagne en 1872, 63,9 % ; en 1885,
56,3 % et en 1890, 52,96 %. A cette heure, cette proportion est tombée en Allemagne à 50 %. Enfin, en
France, en 1886, il y avait 17 millions 700.000 habitants
de population agricole; en 1891, cette population est
tombée à 17 millions 400.000 habitants contre 20.900.000
dans les autres professions.

Pourquoi donc l'attrait des villes, qui attire irrésisti-
blement vers elles les populations rurales en Europe,

(1) Louis WUARIN. — La crise des campagnes et des villes. *Revue
des deux mondes*, 15 juin 1900.
(2) WUARIN. — *Loc. cit.*

n'a-t-il pas réussi à séduire le fellah ? Cela s'explique par plusieurs raisons dont voici les principales : C'est d'abord l'esprit de conservatisme qui attache solidement nos fellahs à leur foyer et à leur genre de vie ; et cet amour du foyer est encore augmenté par leur sobriété native qui dédaigne le luxe et le bruit des villes. D'autre part, et c'est certainement la raison principale, l'agriculture est la seule importante source de travail, dans un pays où il n'y a guère de grandes industries attirant vers elles les populations rurales et leur offrant un travail facile, continu et rémunérateur.

A ces raisons, on peut en ajouter d'autres qui retarderont chez nous la désertion des travaux champêtres. L'instruction, qui a pénétré en Europe dans les couches les plus profondes de la société, surtout dans les pays où cette instruction est rendue obligatoire, et qui a ouvert au paysan de vastes horizons d'ambition et de grandeur, lui a fait jeter le manche après la cognée, pour le pousser vers les villes, où les ambitieux réussissent quelquefois. Par surcroît, les institutions démocratiques et le suffrage universel ont fait de chaque individu un candidat possible aux hautes fonctions et à la direction du char de l'État ; et ce beau mirage a surexcité singulièrement les désirs et échauffé les imaginations. Or, nos fellahs sont encore illettrés et leurs désirs se limitent à bien peu de choses. Quant aux ambitions politiques, ils en sont bien éloignés ; ils n'ont aucune prétention à la direction des affaires publiques et tout ce qu'ils demandent, c'est que ceux qui les dirigent les laissent vivre en paix.

Toutes ces raisons, en même temps qu'elles expliquent le peuplement de nos campagnes, sont également une garantie d'avenir ; elles permettent d'espérer que l'agriculture égyptienne ne souffrira pas de longtemps du manque de bras qui préoccupe à un si haut degré, et non sans raison, les gouvernements et les économistes en Europe.

De la population agricole composée de propriétaires vivant sur leurs domaines, de fermiers et d'ouvriers, ce sont incontestablement ces derniers qui forment la masse la plus importante. On peut les distinguer en deux grandes catégories : les ouvriers *attachés à perpétuelle demeure* au domaine d'un propriétaire qu'ils cultivent à la part ou à la journée, et les journaliers libres qui louent leur travail à la journée, à des salaires variables selon les localités, l'urgence du travail et l'abondance ou le manque de bras, mais ne dépassant que fort rarement le taux maximum de 0,75 centimes. Dans les deux sections suivantes, nous allons étudier la situation de ces deux catégories d'ouvriers.

PREMIÈRE SECTION

OUVRIERS AGRICOLES ATTACHÉS A UN DOMAINE

Les propriétaires terriens qui font valoir eux-mêmes leurs domaines, ou les personnes qui prennent ces domai-

nes en fermage, emploient quelquefois aux travaux agricoles des ouvriers qui s'établissent chez eux, d'une
manière fixe, avec leurs femmes et leurs enfants. Le
patron leur fournit le logement qui doit les abriter,
logement exigu et misérable, que nous avons décrit dans
le chapitre où nous avons parlé du fellah dans sa vie
privée.

Le contrat qui préside au règlement de ce travail, contrat toujours verbal, revêt les formes les plus diverses ;
mais il peut se ramener, quant à ses traits caractéristiques, aux deux contrats-types suivants : travail à la
part et travail à la journée.

§ I. — Ouvriers agricoles à la part.

Quand les ouvriers sont engagés à la part, on leur
accorde le quart, le cinquième ou le sixième de tous les
produits du sol, quelquefois moins, suivant la productivité plus ou moins grande de la terre qu'ils cultivent.
Cette part peut être évaluée, approximativement, bon an,
mal an, à une moyenne de huit Livres (200 fr.). Hormis
pour le coton, la part qui leur revient dans les autres
produits leur est remise en nature, ils la reçoivent au
moment où ces produits (blé, orge, fèves, etc.) sont emma-
gasinés. Quant au coton, qui constitue la partie la plus
rémunératrice du rendement, il est entièrement pris par
le patron qui le vend au moment et au prix qui lui sem-

blent les meilleurs, et la part qui en revient aux cultivateurs leur est remise en argent. En réalité, ils n'en tou-
chent rien ; voici pourquoi :

Le cultivateur a dû se procurer, dans le courant de
l'année, de quoi se nourrir, s'habiller, pourvoir aux
besoins de sa famille, quelquefois se marier, enterrer un
parent, etc.; c'est au patron qu'il demande tout ce qu'il lui
faut pour subvenir à ces besoins divers. On lui donne la
quantité de maïs nécessaire à sa nourriture et à celle de
sa famille et rarement une pièce blanche, exception-
nellement une pièce d'or, dans les grandes occasions, qui
ne doivent pas se représenter souvent, par exemple
quand il veut se marier. Un écrivain (souvent c'est un
copte) tient la comptabilité du patron et passe au débit
du compte courant des cultivateurs toutes les avances
qui leur sont faites pendant l'année, et qui sont déduites
de la part qui leur revient dans le prix du coton.

Les céréales et toutes les avances en nature sont arbitrairement estimées par le patron à un prix qu'il peut
majorer à sa guise, sans contrôle ni protestation possi-
bles. D'autres sommes sont également déduites de cette
part : ce sont toutes les sommes que le patron a dû dé-
bourser, durant l'exploitation agricole, pour se procurer
une main-d'œuvre supplémentaire, lorsque le besoin s'en
est fait sentir. Ainsi la cueillette du coton exige de grandes dépenses ; elle est faite par les femmes et les enfants
des cultivateurs et par nombre d'autres enfants et femmes que l'on fait venir du voisinage, moyennant un sa-

laire de 50 à 60 centimes. Or cette cueillette est longue
et difficile, et le salaire qu'elle exige enlève au cultivateur quelquefois le cinquième de ce que sa part de coton
lui rapporte (1).

Après toutes ces déductions, il est bien rare, surtout
si le propriétaire n'est pas d'une honnêteté scrupuleuse,
qu'il reste encore quelque chose au cultivateur. Le plus
souvent, le compte se solde en sa défaveur, et ce solde
débiteur est reporté à l'année suivante. Bien des fellahs
qui ont travaillé à la part pendant quatre ou cinq ans
chez un propriétaire, se sont trouvés, au bout de cette
période, débiteurs de plus de 40 Livres (1010 francs).

Cela explique le peu de productivité de ce travail
quasi-servile et la surveillance étroite, de tous les instants, qu'il exige, pour que les cultures puissent prospé-
rer. Quoi d'étonnant à ce que l'homme soit enclin à l'oi-

(1) Rien n'est curieux comme d'assister à la cueillette du coton.
Dès avant le lever du jour, on voit une longue file de femmes et
d'enfants de tout âge se diriger vers le champ, portant sur la tête
leur repas de la journée : quelques galettes de dourah, et suivis de
surveillants à figure sévère, le bâton à la main. Arrivé sur le champ
dont le coton doit être cueilli, chaque ouvrier s'empare d'une rangée
de cotonniers et avec une dextérité étonnante, prend dans les capsules les filaments de coton, encore tout humides de la rosée du matin,
et les enfouit dans une grande poche qu'il improvise à cet effet au
moyen de sa chemise et d'une ceinture qu'il passe à sa taille. Mal-
heur à la femme ou à l'enfant qui oublie du coton dans les capsules,
qui en laisse tomber par terre ou qui ramasse, avec le coton, une
feuille morte : les coups pleuvent sur lui drus comme grêle. Cette
fatigante besogne et cette surveillance tyrannique durent jusqu'au
coucher du soleil, soit 12 heures de travail écrasant. Nous sommes
loin, comme on le voit, de la réglementation du travail des femmes
et des enfants !!!

siveté et à la négligence, lorsque son travail l'empêche
seulement de mourir de faim? C'est le contraire qui serait étonnant, parce qu'il témoignerait d'un désintéres-
sement qui est au-dessus de la nature humaine.

Pour cette rétribution dérisoire, le fellah se doit tout
entier au patron et sa situation ressemble beaucoup,
quant aux obligations qui lui sont imposées, à la situation des vilains du moyen âge. Dans la première partie
de ce travail, nous avons signalé les caractères de l'organisation de l'Egypte sous les Mamelouks, et montré
qu'elle ressemblait, par plus d'un côté, à l'organisation
féodale qui existait en Europe.

Quoique cette organisation ait vécu à présent, elle a laissé
néanmoins de profondes traces ; nous en retrouvons les
traits caractéristiques dans les rapports du propriétaire
terrien et de ses ouvriers, de qui il peut exiger tous les
services et toutes les corvées, qui lui doivent tout ce qu'ils
ont, et lui demandent tout ce dont ils ont besoin. Sur son
domaine, le patron s'arroge le droit de haut justicier,
tranchant les différends et s'immisçant dans les questions
de famille les plus intimes ; il va même, chose exorbitante,
jusqu'à ordonner à son fellah de répudier sa femme, alors
que celui-ci n'a contre elle aucun grief. En un mot, il a tous
les droits et privilèges du seigneur féodal ; il pourrait
même, si le caprice lui en prenait, ordonner à ses hommes
de battre les étangs pour faire taire les grenouilles. Son
pouvoir omnipotent ne se borne pas à l'ouvrier ; il s'étend

également à sa femme et à ses enfants, qu'il peut faire travailler au champ ou à son service personnel.

De toutes les prérogatives qu'il s'attribue, aucune ne lui est cependant reconnue par la loi. Elles sont toutes un vestige de l'organisation ancienne que les réformes récentes n'ont pas réussi à faire disparaître complètement, tant est grande la force de la coutume! La loi de *l'évolution successive* a été posée en principe formel par la sociologie moderne, qui est arrivée, au moyen d'investigations multiples et d'une longue observation, à établir que les institutions ne peuvent se remplacer brusquement et sans transition, et que l'institution d'aujourd'hui contient les vestiges de l'institution d'hier, comme elle contient les germes de celle de demain. Quand une réforme vient remplacer une organisation existante, celle-ci disparaît d'abord des grands centres, où elle a été combattue le plus énergiquement; alors elle se retire dans les villages où elle peut vivre en paix, pendant de longues années. C'est pourquoi les privilèges tyranniques du régime ancien, combattus dans les administrations et dans les grandes villes, se sont réfugiés dans les campagnes où ils ont trouvé un terrain propice à leur maintien; parce que la misère des fellahs leur a fait accepter, comme une délivrance, cette situation de servitude, qui leur garantit, du moins, le pain de chaque jour et la protection du propriétaire contre les mille iniquités qui les désolaient jadis.

Aussi le respect et la terreur que son seul nom leur

inspire sont-ils vraiment incroyables ! Jamais nul ne songera à se plaindre du maître, ni à se révolter contre ses injustices et ses cruautés barbares. Autrefois, ce potentat, au petit pied, battait ses hommes jusqu'au sang, et, pour des riens, leur faisait subir le martyre le plus épouvantable, lequel pouvait occasionner la mort du patient sans que son tyran s'en émût. S'il ne va pas jusque-là aujourd'hui, il ne craint point d'employer la bastonnade et d'autres châtiments du même degré. Il peut aussi, quand il est mécontent d'un fellah, le renvoyer sur-le-champ, en le dépouillant de tout ce qu'il a, même s'il ne lui doit rien ; il lui enlève jusqu'à son misérable sarrau et ne le laisse partir qu'avec la *gala-bieh* (1) en loques qu'il a sur le dos ; il la lui arracherait bien, si elle pouvait avoir quelque valeur.

Quand les cruautés du maître atteignent un degré que le fellah, pourtant d'une patience admirable, ne peut plus supporter, il n'a qu'un seul moyen d'y échapper : s'enfuir la nuit, à l'insu des gardiens, en emportant ce qu'il a. S'il arrive à gagner le large, sans avoir éveillé l'alarme, il va offrir ses bras à un autre propriétaire ; bien des fois, il tombe de Charybde en Scylla.

Malgré cette situation peu enviable, les ouvriers agricoles qui travaillent à la part sont encore les moins malheureux, car ils sont sûrs d'avoir toujours le morceau de pain nécessaire à leur subsistance. Le propriétaire

_____
(1) Chemise de coton.

est tenu de les nourrir, quelque énorme que soit la somme
qu'ils doivent ; autrement, outre qu'ils ne pourraient pas
travailler, ils ne tarderaient pas à le quitter, ce qui, en dé-
peuplant le domaine, lui ferait un tort considérable. Autrefois, cette suprême ressource faisait, elle-même, défaut
au fellah : car son patron trouvait toujours un gouverneur
complaisant, qui faisait rechercher le fugitif par la police,
le rouait de coups et le remettait entre les mains de son
maître. Mais aujourd'hui, si le fellah est esclave de la
glèbe et du propriétaire, il peut, en s'enfuyant, rompre
cette double chaine, sans que la police ait le droit d'intervenir. Le maître ne peut le poursuivre que civilement,
pour lui réclamer les sommes qu'il lui doit ; mais, misérable et sans fortune, il ne peut redouter les poursuites,
et au jugement qui le condamne à payer, il oppose un *non
possumus* tranquille.

§ II. — Journaliers attachés au domaine.

Bon nombre de vastes domaines sont exploités à la
journée et non à la part. La situation des ouvriers qui
y travaillent diffère de celle des journaliers dont nous
parlerons dans la deuxième section de ce chapitre, en ce
que les premiers sont attachés à un seul domaine et y
vivent avec leur famille.

Voici quelle est la convention la plus ordinaire qui
règle ce mode d'exploitation.

A chaque famille d'ouvriers, le propriétaire donne un ou plusieurs feddans de terre en fermage, en tenant compte du nombre des personnes qui composent cette famille ; elle s'engage, en revanche, à fournir un nombre déterminé d'ouvriers qui devront, quand ils en seront requis, aller travailler le champ propre du propriétaire. Les journées de travail qu'ils fournissent leur sont comptées à raison d'un salaire fixé d'avance, et d'une manière invariable, à un taux qui oscille entre 0,40 et 0,60 centimes, et qui n'est, par conséquent, pas soumis aux variations résultant de l'offre et de la demande. Ce salaire est déduit du fermage que la famille de l'ouvrier doit au propriétaire et des avances qui lui sont faites dans le courant de l'année. Tout compte fait, le fellah, dans ce mode d'exploitation, gagne moins que ceux qui travaillent à la part. Il est, nonobstant, soumis à une discipline très sévère, et la moindre négligence, la moindre désobéissance lui coûte le salaire de plusieurs journées de travail.

Il va de soi que cet ouvrier, qui n'est nullement intéressé à la prospérité des cultures du maître, et qui est continuellement surmené, travaille avec moins de zèle que l'ouvrier à la part, et ne se fait pas faute de gâcher la besogne, toutes les fois que la surveillance se relâche un peu. Aussi, dans les domaines exploités à la journée, y a-t-il de véritables brigades d'employés dont l'unique occupation consiste à surveiller les journaliers, à tout instant et de la façon la plus étroite et la plus rigoureuse.

De plus, ce système d'exploitation pourrait donner lieu
à des vols nombreux que les employés commettraient en
augmentant le nombre de journées fournies en réalité
par les ouvriers, et en partageant avec eux le salaire de
ces journées volées au patron. Mais une organisation
ingénieuse rend ces vols presqu'impossibles; le patron
fixe le nombre d'ouvriers et de journées nécessaires à
l'exécution de chaque travail agricole et ce nombre ne
doit pas être dépassé.

En somme, l'exploitation à la journée exige plus de
surveillance et un personnel dirigeant plus nombreux.
Mais elle est souvent employée parce que, quand il
s'agit de vastes domaines, elle est moins coûteuse que le
travail à la part, en raison même de l'étendue du
domaine; car le salaire des ouvriers et la rétribution du
personnel dirigeant, quelque nombreux qu'il soit, coûtent
moins que la part qu'on devrait donner aux cultivateurs.

Quoique mauvaise, la situation de ces ouvriers que
nous étudions à présent, est encore bien meilleure que
celle des ouvriers non attachés à une terre désignée, car,
au moins, ils ont l'assurance d'un travail continu et
régulier; ils ne chôment que rarement, car la morte
saison agricole n'est pas longue en Égypte, où la terre
ne reste jamais en friche. De plus, dans les grands
domaines, il y a, sans cesse, des travaux d'art qui occupent les ouvriers dans les rares moments de saison
morte.

Quant à la modicité et à la fixité du salaire, elles sont compensées, en partie, par une réduction du tiers ou de la moitié sur le prix normal de fermage de la terre donnée à la famille de l'ouvrier; le feddan, dont le fermage normal coûte 400 P. T., leur est donné à 300 ou même à 200 P. T. Les propriétaires accordent cette réduction minime pour amorcer et retenir les ouvriers ; car elle est un lien puissant qui les attache au domaine ; plutôt que de le quitter et d'abandonner une terre qu'ils ont obtenue à bon marché, ils supporteraient tous les mauvais traitements et toutes les injustices. Cet abandon partiel du fermage n'est donc pas en réalité un sacrifice, il l'est d'autant moins que les salaires sont ici moins chers que pour les travaux agricoles ordinaires et ne sont pas soumis aux variations qui résultent de l'abondance ou du manque de bras.

Dans cette section, nous avons essayé seulement de donner une idée de la situation qui est faite aux fellahs établis d'une manière fixe sur un domaine, et nous avons signalé les conditions ordinaires du contrat verbal qui existe entre eux et le propriétaire. En fait, ces conditions sont variables à l'infini ; mais que les fellahs travaillent à la part, à la journée, qu'ils exécutent à forfait les travaux qui leur sont demandés, comme cela se pratique quelquefois, ils ne retirent jamais de leurs peines qu'une maigre rétribution, tout juste de quoi se nourrir et subvenir à leurs besoins fort limités (1) ; ils doivent obéir

(1) «... De tous les fruits de la terre qu'ils récoltent, il ne leur

aveuglément au propriétaire, subir sa loi sans protester
et se consacrer à son service, eux et leur famille.

JOURNALIERS NON ATTACHÉS A UN DOMAINE.

Tous ceux qui se livrent aux exploitations agricoles
une fois pourvus de la main-d'œuvre nécessaire, par
l'embauchage d'ouvriers à la part ou à la journée, il reste
encore dans les campagnes une population ouvrière qui
ne trouve pas d'occupation continue, en un endroit fixe,
et qui est condamnée à errer partout à la recherche d'un
travail : ce sont ceux que nous pourrions appeler les
journaliers nomades.

Cette catégorie d'ouvriers est, à coup sûr, la plus malheureuse de toutes, et c'est elle qui fournirait le plus
fort contingent à l'armée des mécontents et des meurt-de-
faim, si la sobriété du fellah n'était pas proverbiale et le
climat du pays d'une grande clémence : si, d'un autre
côté, l'esprit de solidarité dont nous avons déjà signalé

reste que le dourah, qui constitue leur principale nourriture, et dont
ils font un pain sans levain et sans saveur quand il est froid: Ce
pain grossier cuit à un four formé de fiente séchée de buffles et de
vaches est, avec l'eau saumâtre et boueuse du Nil, et les oignons
crus leur nourriture de toute l'année, ils sont heureux s'ils peuvent
y ajouter de temps en temps du miel, du lait aigre, des dattes, des
fèves cuites à l'eau et des pastèques. La viande et la graisse qu'ils
aiment avec passion ne paraissent que rarement, aux plus grands
jours de fêtes et chez les plus aisés. » Ch. Haussoullier cité par
Larousse au mot « fellah ».

les bienfaits, ne sauvait pas les *sans-travail* des affres de
la faim, en leur procurant le morceau de pain qui doit
les faire vivre et qui leur est généreusement offert par
un parent ou un voisin plus aisé. Cette solidarité remplace,
dans une certaine mesure, les syndicats ouvriers et toutes
les associations de prévoyance et de secours mutuels qui
existent dans les pays civilisés, et qui ne sont pas encore
connus en Égypte.

C'est surtout dans la Haute-Égypte où il y a, en
quelque sorte, pléthore de main-d'œuvre, que se recrute
cette catégorie d'ouvriers. Là, la terre cultivée n'est pas
assez vaste pour occuper tous les hommes qui y vivent,
d'autant plus qu'on n'y pratique que les cultures faciles ;
le coton, qui exige un travail pénible et des soins conti-
nuels, n'y est cultivé qu'en minime partie. De telle sorte
que la morte-saison y est de plus longue durée que dans
la Basse-Égypte, et l'on comprend que les propriétaires
n'ont pas intérêt à garder beaucoup de personnel fixe. Au
moment de la moisson ou quand il y a des travaux
urgents à exécuter, ils font appel à des journaliers supplémentaires, qu'ils renvoient une fois ces travaux
achevés.

La situation des ouvriers nomades est donc double-
ment précaire. Ils souffrent d'abord, surtout au moment
de la morte-saison, du manque de travail. Pour en trouver, ils doivent courir de village en village, offrant leurs
services qui sont souvent refusés. Et ce manque de travail lui-même leur porte un autre préjudice, en

ravalant beaucoup le taux des salaires ; c'est une conséquence inéluctable de la loi de l'offre et de la demande
et de la nécessité où se trouvent ces ouvriers isolés et
besogneux de subir les conditions du tout-puissant
patron. Cela est si vrai, que les salaires sont restés en
Egypte, malgré la cherté croissante des conditions de la
vie, à un bas niveau désolant, puisqu'ils ne dépassent
guère le maximum de 0 fr. 75 centimes, pour une journée de travail effectif de douze heures, et parfois plus.

Ce bas salaire contraste, d'une manière frappante,
avec la cherté de la main-d'œuvre rurale en Europe, qui
est aujourd'hui coûteuse, ruineuse même. Quoique les
tarifs des salaires y soient très disparates et qu'ils y
varient beaucoup suivant les conditions d'existence, on
est arrivé cependant à cette détermination globale que
les salaires ont augmenté, depuis plus de quarante ans,
de 66 %. Dans cette marche ascensionnelle, le salaire
agricole n'est pas resté en arrière, excepté dans certaines
régions en Allemagne et en Italie, où l'ouvrier agricole
est encore très mal payé (1).

A quoi est dû ce contraste ? D'abord à ce principe que
tout se tient dans les questions économiques, et que
l'augmentation des salaires dans une branche quelconque,
doit infailliblement réagir sur les salaires dans les autres
branches, en vertu de la loi de l'offre et de la demande
qui préside à toutes les manifestations de l'activité éco-

(1) V. Article de M. L. Wuarin, *loc. cit.*

nomique. Cette loi maintient l'équilibre entre les salaires
tout comme la communication existant entre deux bassins inégalement pleins tend à égaliser le niveau de leurs
eaux. L'équilibre est d'autant plus facile à obtenir, que
les moyens d'information et de transport perfectionnés,
qui existent actuellement en Europe, permettent aux
masses ouvrières de connaître les régions et les industries où les salaires sont les plus élevés et de s'y porter
rapidement. Cette affluence d'ouvriers ne tarde pas à
faire baisser un peu les salaires élevés ; en même temps
que les industries qui ont été désertées se voient obligées,
pour attirer à elles la main-d'œuvre nécessaire, de relever
un peu leur tarif.

Or, en Egypte, tous les salaires, dans les villes comme
dans les campagnes, sont également bas ; cela explique
pourquoi le salaire de nos fellahs n'a pas pu suivre,
dans sa marche ascensionnelle, le salaire du paysan
européen. A cette raison d'ordre général, viennent s'en
ajouter d'autres, qui ont aussi concouru à faire hausser
le salaire rural en Europe.

Il faut signaler, en premier lieu, les syndicats ouvriers
qui, par leurs efforts persévérants, ont contribué, dans
une très large mesure, à introduire des tarifs plus rému-
nérateurs. D'un autre côté, les travaux des champs
chôment en Europe pendant une longue période de
temps, de telle sorte qu'au personnel qu'elle emploie,
l'agriculture ne peut offrir une activité régulière s'étendant au-delà de quelques mois. Il faut donc que le salaire

de ces quelques mois puisse suffire aux multiples besoins
du paysan pour tout le reste de l'année, et pour cela, il
doit être nécessairement élevé. Or, la saison morte est en
Égypte d'une très courte durée, quoique dans la Haute-
Égypte elle dure plus longtemps ; et d'ailleurs pour cette
région, il y a l'abondance de bras, dont nous avons parlé
plus haut, qui agit en sens inverse et exerce un effet
déprimant sur les salaires.

Les constatations que nous venons de faire n'ont pas
seulement un intérêt spéculatif ; elles nous conduisent
aussi à cette conclusion pratique que les salaires ruraux
resteront chez nous, pendant longtemps encore, à leur
taux actuel, sans protestation sérieuse de la part des
travailleurs que leur isolement affaiblit et rend incapables d'énergie et d'initiative. Or, si cette conclusion est
rassurante pour ceux qui s'adonnent à l'exploitation de
la terre ; si elle est une garantie de tranquillité et de paix
sociale ; elle est cependant bien attristante à deux points
de vue. En premier lieu, la misère des classes ouvrières,
si mal payées, creuse entre elles et les propriétaires un
abîme profond et, dans un pays dont l'organisation sociale
repose, en droit, sur l'égalité de tous ses membres, qui
n'admet aucun privilège de caste ou de naissance, elle
crée l'aristocratie de l'argent, plus arrogante et plus révoltante que l'autre. La conscience humaine se révolte en
voyant, à côté des gens riches, une nombreuse population
condamnée à la vie la plus misérable, aussi pauvre
qu'ignorante, et n'ayant même pas l'espoir d'un relève-

ment prochain. Cette profonde misère ne révolte pas seulement les sentiments humanitaires ; elle ne choque pas uniquement le principe d'égalité qui est le corollaire de l'état
de civilisation ; elle doit aussi inquiéter sous le rapport
du progrès économique et social du pays. Tant que la
classe qui travaille et qui peine sera aussi mal payée, elle
se désintéressera de la prospérité générale, et on ne pourra
pas s'attendre au développement normal des facultés économiques et des ressources naturelles du pays. Sans
réclamer pour cette classe un salaire excessif qui décou-
ragerait l'emploi des capitaux dans les entreprises agricoles, déjà trop lourdement grevées au profit du fisc, on
peut réclamer pour elle une rétribution mieux en rapport
avec le travail qu'elle fournit et avec la vie que doit vivre
toute créature intelligente en ce siècle de civilisation et
de lumière.

CHAPITRE V

LE FELLAH ET LES TRAVAUX D'UTILITÉ PUBLIQUE

PREMIÈRE SECTION

LA CORVÉE.

Avant de dire comment les travaux d'utilité publique s'exécutent aujourd'hui, il est intéressant d'étudier succinctement la corvée, qui servait jadis à leur exécution, et d'indiquer les différentes mesures prises pour la faire disparaître.

La corvée peut exister, soit pour l'exécution des travaux d'utilité publique, soit pour des travaux intéressant de simples particuliers. Cette dernière est la corvée *seigneuriale*; c'est une conséquence nécessaire et un trait caractéristique des institutions féodales; aussi la trouvons-nous en Europe pendant tout le moyen âge. La corvée seigneuriale fut, à son origine, une conquête de la liberté sur les idées anciennes d'asservissement et un adoucissement du servage. A l'exemple du roi, qui vendait aux cités des chartes communales, les seigneurs vendaient à leurs serfs des lettres d'affranchissement. Mais, comme les altérations monétaires étaient alors très fréquentes, au lieu de se faire payer en argent, les seigneurs stipulaient que le prix leur serait payé en un certain nombre de journées de travail, exécutées en corvée. C'était ce qu'on appelait la *corvée personnelle*. A côté, il y avait la corvée réelle due, comme le cens qu'elle représentait, par le fonds aliéné à cette condition et suivant la main de ses tenanciers successifs.

Dans la pratique, ces deux corvées ne se distinguaient pas. Toutes deux consistaient en un certain nombre de journées de travail que les seigneurs pouvaient requérir gratis à n'importe quel moment et pour n'importe quel labeur. Le corvéable, esclave de leurs caprices, exécutait les plus grotesques et les plus humiliantes besognes ; on lui faisait même battre des étangs pour faire taire les grenouilles.

Nous avons eu déjà l'occasion de dire, dans la première partie de ce travail, que la corvée seigneuriale avait été de bonne heure réglementée et limitée, quant au nombre des journées à fournir, soit par la convention, soit par la coutume, soit par les édits royaux. Enfin, sous le règne de Louis XIV, le nombre de journées de corvée fut limité à 12 par an.

Et c'est sur ce pied un peu plus équitable que la corvée seigneuriale s'est pratiquée depuis lors jusqu'à la Révolution. Elle fut enfin supprimée par un décret de la Convention du 30 fructidor an I qui, en l'abolissant, porta le dernier coup au dernier vestige de la féodalité.

La corvée seigneuriale, nous l'avons dit en parlant du fellah sous les Mamelouks, a existé en Egypte pendant leur domination, sous sa forme la plus hideuse et sans aucun des adoucissements qui y ont été apportés dans les autres pays. Les Moultezims requéraient gratis autant de journées qu'ils voulaient, à leur jour, à leur heure, et ils les employaient comme bon leur semblait. Avec la disparition du gouvernement des Mamelouks et du système d'exploitation du sol qu'ils avaient mis en vigueur, disparurent les caractères odieux de la corvée seigneuriale : mais elle se maintint très adoucie, très atténuée. Elle se réduit aujourd'hui à quelques services personnels non payés que le propriétaire agricole peut exiger de ses hommes ; quant aux travaux à exécuter sur son champ propre, que le fellah devait accomplir gratis, sous les Mamelouks, ils sont aujourd'hui payés par l'un des modes de rémunération ouvrière que nous avons étudiés dans le chapitre précédent. Réduite à ces proportions minimes, on peut dire de la corvée seigneuriale qu'elle a presqu'entièrement disparu, en Egypte.

Quant à la *corvée d'utilité publique*, c'est dans ce pays qu'on en retrouve les origines. — Les Pyramides, le Labyrinthe, le lac Mœris témoignent de corvées terribles. On peut dire que cette corvée a existé de tout temps. La réquisition d'un travail gratuit, lorsque ce

travail doit profiter à la chose publique, a dû venir à
l'esprit de tous les gouvernements anciens où nos ministères des travaux publics, avec leur organisation perfec-
tionnée et les crédits qui leur sont alloués, n'étaient pas
encore connus. D'autre part, le peuple était, entre les
mains des autocrates, un instrument docile et muet ; on
sacrifiait sa liberté, ses droits privés à la chose publique,
qui était le seul intérêt dominant. Il faut remarquer que
l'homme antique ne connaissait pas le droit individuel et
qu'il ne songeait par conséquent pas à légiférer au nom
de la personnalité humaine, même quand la forme du
gouvernement était démocratique, comme du temps des
Républiques grecque et romaine.

Et il devait en être nécessairement ainsi dans une société organisée en vue d'un état quasi-normal de guerre ;
car, dans une pareille société, l'individualisme et la
liberté personnelle sont subordonnés à l'existence de la
cité ; si elle venait à être anéantie, les citoyens per-
draient tous leurs droits et tomberaient en esclavage.
Aussi, leur intérêt même leur commandait-il de se dé-
vouer tout entiers à la prospérité de la chose publique.

L'absence de la notion de droit individuel dans l'antiquité (1), la subordination de l'homme à la chose publique, de son existence à celle de la cité, rendaient donc
obligatoires les corvées d'utilité publique. Aussi, les

(1) FUSTEL DE COULANGES. — *La cité antique*, chap. XVIII, p. 265
et suivantes.

retrouvons-nous largement pratiquées, non seulement dans l'Égypte des Pharaons, mais aussi à Rome et dans toutes les sociétés anciennes.

Mais, à mesure que l'individualisme se dessine et prend forme, à mesure que, dans la cité, le citoyen se perd et l'individu se retrouve, et que l'organisation savante des impôts et du budget permet d'accomplir les travaux publics en y employant des ouvriers salariés ; les charges de la corvée s'allègent et le peuple en est graduellement exonéré.

Ainsi en France, la corvée d'utilité publique a fait place, depuis l'arrêté consulaire du 4 thermidor an X, à la prestation en nature, réorganisée par la loi du 21 mai 1836. Malgré les critiques qu'elle a soulevées (1), la prestation en nature, avec faculté de rachat, se maintient et ne semble pas aussi odieuse au peuple français que certaines charges qu'il acquitte en argent.

En Égypte, l'évolution a été la même. Jusqu'en ces derniers temps, la corvée d'utilité publique a pesé très lourdement sur le peuple, et l'on a pu dire avec raison qu'elle était le service militaire de ce pays. Les

(1) Il est curieux de voir comment le marquis de Mirabeau, père du célèbre tribun, jugeait la corvée d'utilité publique, connue aujourd'hui sous le nom de prestation en nature, à une époque où la corvée seigneuriale existait encore et alors que lui-même en jouissait avec plus d'âpreté qu'aucun hobereau de son siècle : « L'intendance, écrivait l'*Ami du peuple*, est le plus tyrannique de tous les établissements et la *corvée* la plus cruelle des servitudes. » « La corvée ruine la campagne pour faire des mauvaises routes qu'une colonie de taupes détruit en un an. »

travaux d'utilité publique à exécuter ont, chez nous,
une importance spéciale. Ils consistent surtout à opposer
une action efficace aux débordements causés par les rup-
tures accidentelles du Nil, par suite du nombre incalcu-
lable des digues; à veiller sur les berges quand le
fleuve menace de sortir de son lit; et enfin à refaire,
pendant la saison de l'étiage, le profil des canaux que
les alluvions ont déformés.

Avant la création du système d'irrigation actuel, dû
au génie de Mohamed Ali, et lorsqu'on ne pratiquait
que la culture par *bassins*, les travaux du Nil n'étaient
pas très pénibles, parce qu'ils se réduisaient à la fortifi-
cation des berges du fleuve et au curage des quelques
canaux existants. D'ailleurs, le personnel des champs
était sans occupation au moment où les travaux devaient
être exécutés, les cultures d'été qui absorbent complètement tout le temps du fellah à ce moment de l'année
n'étaient pas encore pratiquées. Pendant les crues, les
grands bassins d'inondation étant remplis d'eau, les
limites de tous les champs contenus dans ces bassins dis-
paraissaient sous cette nappe liquide et cette confusion
des propriétés confondait les intérêts et poussait les propriétaires à se réunir pour exécuter en commun les travaux d'endiguement et de construction de déversoirs,
qui devaient profiter à tous. Les cultivateurs retiraient
donc un profit direct du travail qu'ils exécutaient sans
quitter leur village, et la corvée d'utilité publique n'était
pas une charge trop lourde pour le peuple.

Mais, lorsque Mohamed Ali fit d'énormes levées d'hommes pour creuser les canaux, pour élever des digues et des barrages, la corvée devint une charge insupportable. D'un côté, les travaux étaient longs et pénibles ; et de plus, tous ceux qui les exécutaient n'en retiraient pas les mêmes avantages. Il y en avait même qui n'en profitaient pas du tout ; c'étaient ceux qu'on arrachait de leur village pour les envoyer travailler en des endroits qui en étaient bien éloignés. Et ce déplacement ajoutait encore à l'odieux de la corvée. Le pauvre fellah quittait son foyer pour aller quelquefois dans le désert, avec la triste perspective d'un dénûment complet. Quand sa famille était peu nombreuse et sans ressources, elle se déplaçait avec lui et le suivait dans ces lieux d'exil, et tout ce monde ne trouvait ni un logement ni une nourriture suffisante. L'absence était souvent d'une longue durée. Ainsi, les travaux de curage faisaient perdre au fellah 60 jours, sans compter le voyage (1) ; en comptant sa journée à 0,50 centimes seulement, c'était 30 francs qu'il perdait. Pendant ce temps, il ne pouvait soigner son champ ni ses bestiaux, et ce dommage, joint à la perte de son salaire, lui faisait subir un préjudice considérable.

Chaque année, la population entière était sur pied pour creuser les canaux et élever les digues ; 400.000 hommes étaient pris ; mais comme leurs enfants et leur femme se

(1) LINANT pacha. — *Mémoires. Loc. cit.*

déplaçaient avec eux, c'étaient en réalité, 800.000 personnes environ qui étaient condamnées à vivre au soleil, sans gite et presque sans pain. Dans les premiers temps, on ne fournissait aux ouvriers que les pioches et les couffins ; ce n'est que plus tard, quand on creusa les grands canaux, qu'on leur distribua des rations de biscuit ou de pain (1).

Un travail fait dans ces conditions peut-il être réellement productif ? Assurément non. M. Guillemin, qui a vu des fellahs travailler en corvée, écrit : « Vous voyez, par exemple, quatre ou cinq mille indigènes creuser un canal. Ils ne sont munis d'aucun outil. Placés côte à côte en ligne sur une infinité de rangs, dans toute la largeur du déblai à exécuter, ceux qui en occupent le fond, entassés dans la fange jusqu'aux genoux, ramassent avec les mains un gros morceau de terre noire et humide, ils en forment une espèce de boule et la passent à leur voisin, non sans en laisser tomber une partie. Celui-ci la saisit en lui faisant éprouver une nouvelle perte et va pour la remettre également à son voisin ; mais ce camarade est tourné de l'autre côté et en train de causer. Comme rien ne presse, le porteur de la boule attend patiemment la fin de la conversation, il y prend part lui-même et, pendant ce temps-là, la boule fond en partie entre ses mains. Il finit cependant par la passer à un autre occupé à rire ou à jaser aussi, et la boule de dimi-

(1) LESSEPS pacha. — *Mémoires. Loc. cit.*

nuer sensiblement dans son voyage manuel. En sorte
que, parvenue au moyen des transmissions successives
d'une quinzaine de soi-disant travailleurs, au bout de sa
course, elle ne se trouve plus être que de la grosseur
d'une orange, et le dernier indigène, présumant qu'elle
ne vaut pas la peine d'être placée sur la berge, la rejette
dans le canal (1). »

La corvée n'est pas seulement une bien pauvre ressource,
qui s'est traduite toujours bien plus en temps perdu qu'en
travail utile ; elle révolte aussi tous les sentiments de justice et d'humanité, si on considère la façon dont se recrutaient les travailleurs. Le gouvernement central fixait le
contingent d'ouvriers à fournir par chaque province et
le gouverneur de province répartissait ce chiffre entre les
villages. C'était en définitive le Cheik du village qui recrutait, sous son bon plaisir, les hommes envoyés aux corvées, et il se laissait naturellement guider, dans le choix
qu'il faisait, par l'intérêt ou par la haine. Il dispensait
ceux qui lui donnaient de l'argent, et c'étaient les plus
pauvres qui étaient toujours condamnés à travailler pour
autrui, sans rémunération et sans aucun profit pour eux-
mêmes.

La corvée doit donc être condamnée, d'abord parce
qu'elle est très peu productive en travail, et ensuite parce

(1) *L'Égypte actuelle, son agriculture et le percement de l'isthme
de Suez* par A. Guillemin, délégué de la Société d'Agriculture de
Seine-et-Oise pour la visite des travaux du canal maritime de Suez.
Paris, 1867.

qu'elle ne profite pas à tous les corvéables; ordinairement
ce sont ceux qui n'ont aucun bien au soleil qui sont forcés d'exécuter gratis les travaux utiles aux domaines des
riches. C'est donc une source féconde d'inégalité et d'injustice.

Il ne faudrait pas cependant faire un crime à Mohamed
Ali d'avoir eu recours à la corvée pour l'exécution des
travaux qui ont assuré à ce pays un avenir prospère.
L'urgence de ces travaux et le manque de fonds obligè-
rent le vice-roi à faire encore appel à ce mode de travail
auquel le pays était accoutumé depuis des siècles. Le
Ministère des Travaux Publics qui fut créé en 1836 ne
put être pourvu d'aucun crédit pour payer des salaires ;
il fut seulement chargé de diriger la partie technique des
travaux.

La corvée se légitimait d'ailleurs, dans l'esprit des
contemporains de Mohamed Ali, par ce fait qu'on s'était
accoutumé à considérer le vice-roi comme un grand
seigneur féodal dirigeant une énorme exploitation et y
employant son peuple comme les seigneurs féodaux
employaient les serfs et les vilains. On en était arrivé
ainsi tout naturellement aux idées de socialisme d'État
qui ont inspiré tous les actes du règne de ce prince.
Linant Pacha le dit clairement : « L'Egypte, écrit-il, par
la nature de son sol, par celle de son genre de culture,
qui est due uniquement aux crises périodiques du fleuve
et à ses inondations arrivant régulièrement à la même
saison chaque année, ou bien aux irrigations artificielles

pendant l'étiage, l'Egypte, disons-nous, ne peut en rien
être assimilée à une autre contrée. On peut la comparer
à une grande ferme dont le vice-roi, chef de l'Etat, est le
fermier général. C'est lui qui doit la diriger et la faire
valoir à de certaines conditions pour le bonheur de tous,
et tous, dans cette grande exploitation rurale, doivent
travailler afin de produire le plus possible. C'est, pour
ainsi dire, un immense phalanstère où chacun doit faire
tous ses efforts pour le bien commun et chacun doit
profiter des résultats obtenus (1). »

La corvée, avec toutes les injustices auxquelles elle
donnoit lieu, exista sans aucune atténuation légale pendant le règne de Saïd pacha. Quand M. de Lesseps obtint
la concession de l'entreprise du canal, le prince s'engagea
à fournir tous les ouvriers nécessaires à l'exécution du
travail. On fixa l'organisation, le traitement et la paye des
ouvriers employés par la Compagnie, par le règlement du
20 juillet 1856 (2).

Le travail des fellahs employés au creusement du canal
diffère grandement de la corvée ordinaire ; il ne conserve
de ses caractères que l'obligation faite aux ouvriers de
venir travailler. Cette obligation étoit nécessaire, car le
fellah, naturellement très sédentaire, n'aime pas quitter
son village, surtout pour se rendre dans le désert. Mais,
si les ouvriers étaient embauchés obligatoirement, ils
avaient un salaire fixé par le gouvernement vice-royal et

(1) Linant pacha. — *Mémoires. Loc. cit.*, p. 41 et suivantes.
(2) V. Gelat. — Supplément de la période 1876-87.

la Compagnie devait leur fournir les vivres nécessaires (1)
Elle s'engageait aussi à leur procurer des habitations
convenables (2), à entretenir un hôpital et des ambulances (3), à traiter les malades à ses frais (4), à payer
également les frais de voyage, depuis le lieu du départ
jusqu'à l'arrivée sur les chantiers. Enfin les fellahs
n'étaient gardés sur les chantiers de la Compagnie que
pendant vingt à trente jours. Ce délai expiré, ils étaient
payés et rentraient dans leurs foyers ; ils pouvaient ainsi

(1) Art. 2 « du Règlement sur l'emploi des ouvriers indigènes » du
20 juillet 1856 : « La paye allouée aux ouvriers sera fixée suivant les
prix payés, en moyenne, pour les travaux des particuliers, à la somme
de 2 piastres et demie à 3 piastres par jour, non compris les rations
qui seront délivrées en nature par la compagnie pour la valeur d'une
piastre. Les ouvriers au-dessous de 12 ans ne recevront qu'une
piastre, mais ration entière. Les rations en nature seront distribuées
par jour ou tous les deux ou trois jours à l'avance ; et dans le cas où
l'on serait assuré que les ouvriers qui en feront la demande seront
en état de pourvoir à leur nourriture, la ration leur sera donnée en
argent. La paye en argent aura lieu toutes les semaines. Cependant
la compagnie ne comptera pendant le premier mois que la moitié de
la paye jusqu'à ce qu'elle ait accumulé une réserve de quinze jours de
solde, après quoi la paye entière sera délivrée aux ouvriers. — Le soin
de fournir de l'eau potable en abondance pour tous les besoins des
ouvriers est à la charge de la Compagnie. »

(2) Art. 6. § 1 : « La Compagnie sera tenue d'abriter les ouvriers,
soit sous des tentes, soit dans des hangars ou maisons convenables. »

(3) Art. 6. § 2 : « Elle (la Compagnie) entretiendra un hôpital
et des ambulances, avec tout le personnel et tout le matériel nécessaires pour traiter les malades à ses frais. »

(4) Art. 7. § 2 : « Chaque ouvrier malade recevra à l'hôpital ou
dans les ambulances, outre les soins que réclamera son état, une
paye d'une piastre et demie pendant tout le temps qu'il ne pourra pas
travailler. »

NAHAS   11

retourner à leurs champs qui, pendant cette courte absence, n'éprouvaient pas de dommage.

Un officier délégué par le gouvernement égyptien était chargé de veiller à ce que les engagements pris par la Compagnie à l'égard des ouvriers fussent strictement tenus, prenait soin de l'hygiène et du logement de ces ouvriers et maintenait la discipline parmi eux (1).

On voit donc que c'était un travail d'ouvriers mercenaires, mais non le labeur de l'esclave ; et qu'il y avait loin entre la corvée employée par le gouvernement pour l'exécution des travaux publics et le mode employé pour le percement de l'isthme (2).

M. Guillemin rapporte qu'au commencement des travaux plus de 12,000 fellahs étaient employés par la Compagnie ; 20,000 faisaient la tranchée du Ghisr (3). Les contingents d'ouvriers envoyés d'office par le vice-roi se succédaient régulièrement sur les travaux.

Mais on voulait battre en brèche l'influence toujours grandissante de la Compagnie et, le 6 avril 1864, une note turque signée Aali, ministre des affaires étrangères, adressée aux représentants de la Sublime Porte à Paris et à Londres portait sur les deux points suivants :

a) « Malgré l'abolition de la corvée dans l'Empire otto-

---

(1) Art. 4 « La police des chantiers sera faite par les officiers et agents du gouvernement, sous les ordres et suivant les instructions des ingénieurs en chef, conformément à un règlement spécial qui recevra notre approbation. »

(2) V. A. MAYRARGUES. — *Ouv. loc. cit.*

(3) V. A. GUILLEMIN. — *L'Égypte actuelle, son agriculture et le percement de l'isthme de Suez,* 1867.

man et malgré un décret rendu par le vice-roi Ismaïl, édictant la même prohibition en Égypte, les travaux préparatoires dans le canal ne s'effectuaient que par l'unique concours de ce régime.

b) « La Porte subordonnait son consentement à la création du canal : 1° à la suppression de la corvée et à la réduction du nombre des ouvriers indigènes fournis par le gouvernement égyptien, de 20,000 à 6000 ; 2° à la neutralisation du canal ; 3° à l'abandon par la Compagnie de la clause concernant le canal d'eau douce et des terrains environnants (1). »

La Compagnie protesta contre de pareilles propositions ; elle adressa le 29 octobre 1863 une pétition à l'empereur Napoléon III. Le 11 février 1864, un banquet de 1500 personnes fut organisé sous la présidence du prince Napoléon (2). Il s'en suivit un démêlé sérieux entre le gouvernement égyptien et la Compagnie. Les travaux durent être arrêtés pendant quelque temps, et la Compagnie, à la fin, fut obligée de renoncer aux contingents égyptiens, dont le nombre décroissait de plus en plus, elle les remplaça par des machines et par des ouvriers recrutés en Europe, surtout des Grecs. Le différend sur cette question et sur d'autres fut porté, d'un commun accord, devant l'empereur Napoléon III, qui rendit sa sentence arbitrale le 6 juillet 1864. En ce qui concerne les ouvriers, la sentence condamna le gouver-

(1) V. A. GUILLEMIN. — *Ouv. loc. cit.*
(2) Henri PENSA. — *Ouv., loc. cit,* p.. 190.

nement khédivial à indemniser la Compagnie pour la suppression des contingents indigènes. Cette condamnation était fondée sur ce fait que la fourniture des ouvriers égyptiens constituait un engagement formel que prenait le gouvernement égyptien vis-à-vis de la Compagnie contre d'autres engagements pris par celle-ci ; c'était donc bel et bien un contrat bilatéral par lequel chacune des parties se trouvait liée. Cela résultait implicitement en particulier de l'article 2 du deuxième firman de concession, qui, en laissant à la Compagnie la faculté d'exécuter les travaux dont elle était chargée par elle-même ou par des entrepreneurs, exigeait que les 4/5 au moins des ouvriers employés à ces travaux fussent égyptiens. Or, il devait être implicitement entendu que les ouvriers égyptiens nécessaires pour composer ces 4/5 seraient mis par le vice-roi à la disposition de la Compagnie ; car cette dernière ne se serait pas soumise à cette condition si le vice-roi ne lui avait pas assuré les moyens de l'accomplir. D'ailleurs, cette pensée, sous-entendue dans le deuxième firman de concession, a été formellement exprimée dans l'article 1er du règlement du 20 juillet 1856, portant : « Les ouvriers, qui seront employés aux travaux de la Compagnie, seront fournis par le gouvernement Égyptien d'après les demandes des ingénieurs en chef et suivant les besoins. »

En rapprochant cet article des stipulations des deux firmans de concession dont il est le corollaire, on aperçoit clairement son caractère d'engagement obligatoire. Ce

règlement, malgré son intitulé, a, sans conteste, un
caractère conventionnel, d'abord parce qu'il y est dit
« qu'il a été arrêté d'accord avec la Compagnie », et
ensuite, parce qu'il met à la charge de celle-ci des
obligations multiples, qui ne peuvent résulter que d'un
accord formel. La sentence arbitrale, en ce qui concerne
le point qui nous occupe, est donc bien fondée et c'est à
tort qu'on lui a adressé des critiques.

L'indemnité quoiqu'élevée (38 millions de francs pour
la substitution des machines et des ouvriers européens
aux ouvriers indigènes) ne put atténuer entièrement la
suppression des contingents, car les études nouvelles, le
surcroît de dépenses et le temps perdu par suite de cette
modification, coûtèrent très cher à la Compagnie. On ne
remplace pas aisément, dans le désert, le travail d'hommes
facilement obtenus et peu payés par des machines ou
par des ouvriers européens.

Nous avons dit qu'Ismaïl pacha avait décrété, à son
avènement au trône, la suppression de la corvée, en
échange d'un impôt qui devait, pensait-on, servir à
payer désormais les travaux publics nécessaires. La
suppression resta, en fait, lettre morte et le nouvel impôt,
venant se superposer à la corvée, de   ! encore plus
odieux et plus impopulaire.

La corvée fut remplacée par la réserve de l'armée.
On recrutait pour l'armée un grand nombre de fellahs
qui formaient la réserve et c'étaient eux qui exécutaient
les travaux publics. D'ailleurs, la corvée fut rétablie

en 1879 et étendue à tous les contribuables, en proportion de l'importance de leur propriété. Mais on y intro-
duisit une mesure de nature à la rendre moins odieuse :
les corvéables eurent le droit, comme pour la prestation
en France, de se faire exempter au moyen du rempla-
cement. En 1880, une assemblée générale composée de
plus de 300 notables Omdôhs et Cheiks, de tous les
Moudirs (gouverneurs de province), d'un grand nombre
de hauts fonctionnaires et des membres du cabinet, se
réunit au ministère des travaux publics, dans le but de
remplacer la corvée par un système moins onéreux et
plus avantageux. Après de longues discussions et de
mûres études, on décida que le maintien de cet odieux
système était inévitable ; d'abord parce qu'il était impossible de trouver alors des entrepreneurs qui pussent
exécuter tout ou partie des travaux exigés, et ensuite
parce que l'usage des machines et des appareils méca-
niques n'était pas à cette époque très familier. Le gouvernement s'arrêta à un système établi par le décret du
25 janvier 1881, d'après lequel tous les indigènes, sauf
quelques exceptions peu importantes, doivent person-
nellement ou la prestation en nature ou le rachat tarifé
tous les ans par chaque province. Cependant, une série
de décrets postérieurs à celui de 1881 adouciront les
rigueurs de la corvée, en accordant la somme de
250,000 L. E. pour servir à une abolition partielle de
cette charge aussi lourde qu'anti-économique.

Ce n'est pas sans peine que le gouvernement égyptien

a pu obtenir des Puissances leur adhésion à l'affectation des 250,000 L. E. pour abolir partiellement la corvée; et la correspondance échangée entre les divers cabinets, le gouvernement égyptien et la caisse de la Dette, montre à quel point l'Egypte se trouve à la merci de l'Europe et combien de temps doivent attendre les réformes urgentes et humanitaires, jusqu'à ce que les interminables négociations diplomatiques puissent aboutir. Saisies de la question par une circulaire de Nubar pacha en date du 13 décembre 1885, ce n'est qu'en 1888 que les Puissances signataires de la convention de Londres y donnèrent leur approbation, et c'est le 2 avril de cette année que le décret abolissant partiellement la corvée fut rendu. En fait, le gouvernement égyptien, sans attendre l'adhésion de toutes les Puissances avait, à partir de 1886, appliqué la somme de 250,000 L. E. à l'exécution de certains travaux faits précédemment en corvée (1).

Malgré cela « la prestation n'a pas été réglée d'une façon équitable, elle porte toujours en elle le germe de l'arbitraire, les empreintes de l'inégalité et de l'injustice... Tandis qu'en effet, la majeure partie du peuple supporte le lourd et humiliant fardeau de la corvée, ce sont les riches et les propriétaires des vastes domaines qui profitent réellement des avantages résultant soit des travaux

(1) P GELAT. — *Répertoire*, période 1891-98.

exécutés par les pauvres malheureux, soit du rachat que ceux-ci payent (1). »

Un décret du 19 décembre 1889 supprima la corvée dans toute l'Egypte et la remplaça par une surtaxe spéciale sur les terrains ne dépassant pas 4 P. 1/2. Cette surtaxe elle-même fut supprimée par un décret du 28 janvier 1892. Le gouvernement égyptien, avec l'autorisation des Puissances préleva sur ses disponibilités la somme de 150.000 L.E., nécessaire pour un dégrèvement de l'impôt du sel et pour l'abandon de la taxe votée, en vue de la suppression totale de la corvée.

L'abolition de la corvée qui pesa sur le peuple égyptien depuis la plus haute antiquité, inaugura très heureusement le règne d'Abbas II et attira sur ce règne les bénédictions de la population entière : « L'impression produite par les largesses khédiviales, écrit M. le marquis de Reverseaux, a été plus profonde encore qu'on ne pouvait l'espérer. Toute la population de l'Egypte, fellahs et habitants des villes, européens et indigènes, ont ensemble profité du récent décret (2). »

Actuellement, de l'ancienne corvée, il ne reste plus à la charge de la population que le gardiennage et la surveillance des digues et autres ouvrages, ainsi que les

(1) Rapport adressé à S. A. le Khédive par le président du Conseil des ministres relativement à la suppression de la corvée, en 1889. Ph. Gélat, *Répertoire*, supplément de la période 76-87.
(2) Le marquis de Reverseaux, agent et consul général de France au Caire, à M. Ribot, Ministre des affaires étrangères, le 31 janvier 1892. Gélat, Rép.

travaux d'urgence en cas de danger pendant la crue du
Nil. C'est là une charge très légère et qui tend à disparaître entièrement en fait, à mesure que l'on améliore
les digues du Nil et qu'on établit de nouveaux épieux
pour protéger les points contre lesquels le courant exerce
une action dangereuse. Cette charge est, d'ailleurs, la
même que celle qui incombe aux populations dans les
contrées d'Europe qui, comme notre pays, sont sujettes
aux inondations, telles qu'en Hollande, en Italie, etc.

DEUXIÈME SECTION

LES ENTREPRISES

Les travaux d'utilité publique sont aujourd'hui donnés
à des entrepreneurs. Tous les ans, les conseils provin-
ciaux se réunissent dans chaque Moudirieh et détermi-
nent, de concert avec l'ingénieur en chef des irrigations,
les travaux à faire dans la province. Leur décision est
soumise au Ministère des Travaux publics, qui met ces
travaux en adjudication.

Les avantages que le système des entreprises procure
aux populations agricoles sont trop évidents pour qu'on
y insiste. Outre que les fellahs ne travaillent plus gratis,
ils conservent leur liberté pleine et entière, ils ne sont
plus menés à la corvée comme des troupeaux de mou-
tons. Ceux qui ne sont pas retenus aux champs suivent
les entrepreneurs ; les autres restent à leurs travaux

agricoles, qui ne sont plus délaissés comme par le passé.
Le progrès agricole et économique du pays a donc beaucoup gagné à l'abolition de la corvée. Mais le fellah trouve-
t-il dans les entreprises une rémunération suffisante et en
rapport avec le travail qu'il fournit ? Malheureusement
non. La baisse générale des salaires, dont nous avons
déjà eu occasion de parler, se fait sentir ici plus que
partout ailleurs. Les ouvriers embauchés par les entrepreneurs sont ordinairement dans le besoin et ils acceptent
de fournir un travail écrasant pour une paye dérisoire.
Pour se procurer une main-d'œuvre à bon marché, les
entrepreneurs vont chercher leur personnel ouvrier dans
la Haute-Égypte. Ces malheureux viennent à pied ou
en barque, du fond du Saïd jusque dans la Basse-Égypte.
S'ils prennent le chemin de fer, le prix du transport est
retenu sur leur salaire. Quand l'ouvrier travaille à la
journée, il est surmené et ne reçoit guère plus de 0 fr. 75
centimes ; ceux de la Haute-Égypte sont payés moins
cher. S'il travaille à la tâche, et c'est le mode de travail
le plus usité, on le vole impudemment. L'entrepreneur
paye une somme déterminée par mètre ; quand on vient
à mesurer l'ouvrage fait, le pauvre ouvrier n'y comprend
rien, est plus ou moins spolié, suivant que celui qui
mesure est sans conscience ou seulement peu conscien-
cieux. Rarement, tout le travail de l'ouvrier lui est
payé.

Sur sa paye déjà bien rognée, l'ouvrier doit aussi une
contribution au contre-maître qui l'embauche. Cette

industrie des intermédiaires est un des maux les plus
grands dont souffrent nos classes ouvrières. En Suisse,
notamment dans le canton de Zurich, ce mal sévissait
également ; les intermédiaires qui procuraient de l'ouvrage aux ouvriers en chambre faisaient des prélèvements
indus sur leurs salaires. Dès l'année 1650, une ordonnance détaillée réglementa l'industrie à domicile et pro-
tégea les ouvriers contre l'exploitation des intermédiaires.
En 1717, une autre ordonnance généralisa cette protection et l'étendit également aux manufactures et aux
fabriques. Aucune mesure protectrice de ce genre n'est
malheureusement prise chez nous pour défendre les
ouvriers contre les multiples spoliations dont ils sont
l'objet de la part des intermédiaires.

Voilà comment s'exécutent aujourd'hui les travaux
d'utilité publique. Nous n'avons fait que signaler
quelques abus qui rendent pitoyable la situation des
ouvriers des entreprises. Le gouvernement ne pourrait-
il pas, au moment où il fait une concession d'entreprise,
stipuler certaines conditions de nature à protéger un peu
les classes ouvrières si malheureuses ? A ceux qui
arguent de la liberté des conventions pour interdire à
l'État toute intervention dans le contrat de travail, nous
ferons la réponse qui a toujours été faite, fort judicieusement, par les défenseurs de l'ouvrier ; la liberté pour
lui est un véritable leurre, quand le besoin l'aiguillonne
et le tenaille, il n'est plus libre d'accepter ou non les
conditions auxquelles on veut le soumettre, pour lui

donner le morceau de pain nécessaire; un homme affamé
n'est plus un homme libre. D'autre part, empêcher la spoliation et les vols faits au préjudice des êtres faibles et
ignorants, est un des devoirs les plus sacrés de l'État,
auquel il ne peut pas et ne doit pas se dérober.

———————————

CHAPITRE VI

LE FELLAH DEVANT LES TRIBUNAUX.

Nous ne pouvons terminer cette étude, sans dire un mot de la façon dont la justice est administrée, lorsque le fellah est en cause; car les décisions des tribunaux exercent une influence considérable sur la situation économique et sociale des justiciables. En effet, si ces décisions favorisent les classes laborieuses, simples et ignorantes des ressources inépuisables que la rigidité et le formalisme de la procédure offrent aux chicaneurs sans foi; elles stimulent le zèle de ces classes et influent très heureusement sur leur situation économique et sociale. Que si le juge se montre au contraire, trop rigoriste, et, refusant de jouer le rôle de préteur romain, il s'attache exclusivement à la forme; alors les simples, qui deviennent la proie des procéduriers retors, finissent par se décourager, au grand détriment de la prospérité économique; bien souvent aussi, ils se révoltent d'être joués par des êtres sans

aveu, dont le juge s'est fait inconsciemment le complice ;
et l'ordre et la paix sociale se trouvent menacés.

Empressons-nous de dire que le fellah jouit aujour-
d'hui, devant les tribunaux, de toutes les garanties dési-
rables, et que la jurisprudence égyptienne, aidée par des
lois récentes, le favorise, même, quelquefois, d'une façon
exagérée. Mais il n'en a pas toujours été ainsi, et, avant
d'en arriver là, le fellah a dû connaître, sous le rapport
de l'administration de la justice, toutes les spoliations et
toutes les avanies que, dans un pays désorganisé, le plus
fort fait subir aux êtres faibles et sans défense.

Examinons rapidement la période antérieure à la
création des tribunaux mixtes et indigènes, et ensuite,
la période postérieure à la création de ces tribunaux,
jusqu'à ce jour.

Première Section.

PÉRIODE ANTÉRIEURE A LA CRÉATION DES TRIBUNAUX MIXTES ET INDIGÈNES.

Avant la création des tribunaux de la réforme et la
réorganisation des tribunaux indigènes, la situation du
fellah, au point de vue de l'exercice de ses droits en justice, était loin de présenter les garanties que les pays
civilisés assurent à tous leurs nationaux, dans l'administration de la justice. Nous ne voulons pas dire que les
textes de loi lui fussent défavorables ; car les lois qui

régissaient le territoire égyptien, si tant est qu'il y eût
des lois, étaient uniformes pour tous les indigènes. C'est
en fait que le fellah était lésé dans ses droits et trouvait
fermées pour lui les portes de presque tous les tribunaux.
Celles qui lui étaient parfois ouvertes se refermaient
après l'introduction de son action, mais avant la solution du litige ; de sorte qu'il ne pouvait jamais obtenir
une solution définitive. Les tribunaux de son statut
personnel (les Mehkémés) étaient, on peut le dire, les
seuls auxquels il pouvait avoir accès, dans la pratique ;
ils n'offraient pour lui, d'ailleurs, aucun intérêt sérieux.

Nous suivrons, dans deux paragraphes séparés, le
fellah dans ses litiges avec les indigènes et avec les sujets
étrangers.

§ I. — Litiges avec les indigènes.

Les tribunaux qui fonctionnaient avant la réforme de
1876 appliquaient, en matière purement civile, une
ancienne loi, presque copiée sur le Code ottoman. Ces
tribunaux se composaient d'un *Méglis Ibtidaï* (tribunal
de 1re instance), d'un *Méglis Istignaf* (cour d'appel) et
d'un *Méglis Ahkam* (cour de revision des arrêts, sorte
de pourvoi de 2me degré, accordé en toutes matières).

Ce n'était pas sans peine que le fellah arrivait au bout
de ces trois degrés de juridiction. D'abord, pour être
admis au forum, il avait plus d'une difficulté à vaincre.
Encore quand il plaidait contre les simples particuliers,

pouvait-il espérer y avoir accès ? Mais, quand il était
dépouillé par l'*Omdeh* (chef du village) ou par un fonc-
tionnaire quelconque de l'Etat, sa plainte ne lui rapportait que des coups de courbache ou quelques semaines
de prison ; aucune voie de recours efficace contre la rapa-
cité et l'arbitraire administratifs.

Or, c'était surtout contre les Turcs, alors très nombreux et très influents, puisqu'ils accaparoient toutes les
hautes fonctions administratives, que le malheureux
fellah avait à se défendre ; dans cette lutte inégale contre
des tyranneaux impitoyables, pour qui tout fellah est
une créature vile et méprisable, que pouvait espérer cette
malheureuse victime ? Le Turc n'avait rien à respecter ;
il était, nous l'avons déjà dit, à la tête des hautes fonctions du gouvernement, il avait en mains tous les pouvoirs qu'il employait à se faire, par n'importe quels
moyens, une fortune colossale.

Le fellah avait-il réussi à franchir le seuil du forum ?
il rencontrait des obstacles non moins grands que ceux
qu'il avait eu à surmonter pour introduire son instance.
La procédure était sans fin ; elle se faisait par écrit.
C'étaient des requêtes, des répliques, des dupliques et des
tripliques à n'en plus finir, que les parties s'envoyaient.
Les jugements, d'ailleurs, n'en étaient pas mieux soi-
gnés ; ils étaient rendus par des juges n'ayant aucune
notion du droit : des anciens officiers de l'armée turque,
ne connaissant souvent pas la langue arabe et qu'on
nommait juges parce qu'il fallait les employer, à tout

prix, au service du gouvernement. On a eu occasion de soumettre aux tribunaux de la réforme certains de ces jugements; les honorables magistrats de ces tribunaux étaient ahuris de l'incohérence et de l'ignorance dont ces anciennes décisions portaient la marque ; parfois, ils rappelaient à l'ordre des avocats, qui en donnaient une simple lecture, croyant que ceux-ci en altéraient la teneur. Donnons un spécimen véridique de ces incroyables jugements. Dans un litige entre Primus. demandeur et Secundus, défendeur, en paiement d'une somme d'argent, Secundus soutient que c'est Tertius, non partie au procès, qui a reçu la somme réclamée.

Le tribunal, en l'absence de Tertius, non mis en cause, le condamne à payer !!

Le défaut de séparation entre le pouvoir exécutif et le pouvoir judiciaire mettait le comble à cet inextricable chaos. Lorsqu'il s'agissait de l'exécution d'une sentence, le gouverneur dans les villes, ou le Moudir dans les provinces, s'arrogeaient, à leur tour, le droit de reviser le jugement à exécuter. Si leur manière de voir n'était pas conforme à celle du juge. ils refusaient d'exécuter et soumettaient le cas au Ministère de l'Intérieur. De là, nouvelle phase à suivre, correspondance interminable entre les ministères approuvant ou désapprouvant le jugement, lequel pendant ce temps-là, restait lettre morte entre les mains de celui qui avait eu tant de peine à l'obtenir.

§ II. — Litiges avec les étrangers.

Si, pour les procès des fellahs avec les indigènes, la justice marchait d'un pas bien boiteux, quand il s'agissait d'un litige entre eux et des sujets étrangers, elle était complètement inerte. Les étrangers ne relevaient que de leurs consulats qui, forcément, au milieu de ce désarroi général, devaient protéger leurs administrés. Cette protection, poussée au dernier degré de l'exagération, arrivait à l'impunité ; sous cette puissante égide, les spoliateurs de tous pays pouvaient exploiter à leur aise le fellah et ils ne s'en faisaient pas faute ; ils se trouvaient placés, pour ainsi dire, au-dessus de la loi et les procès des demandeurs indigènes étaient, la plupart du temps, classés dans les archives des consulats, sans qu'on leur donnât aucune suite.

De leur côté, les consuls et vice-consuls dans les villes, jouissant des mêmes immunités que les agents diplomatiques, ont largement profité de cette situation privilégiée. Ils imposaient leur volonté aux autorités locales, pusillanimes et débonnaires avec les étrangers, autant que tyranniques avec les indigènes ; il chassaient le fellah et prenaient possession de sa terre, de vive force. Le fellah ainsi dépouillé ne savait à qui s'adresser. Il est vrai qu'il y avait la voie diplomatique ; mais, à supposer qu'il y songeât, elle ne pouvait lui rapporter grand'chose ; les négociations diplomatiques avec leur désolante lenteur,

n'aboutissaient le plus souvent, dans ces sortes d'affaires, qu'au triomphe du consul, énergiquement soutenu
par son consul général et par les autorités locales. Le
fellah plaignant était convaincu d'imposture et puni avec
une sévérité qui lui enlevait le goût de se plaindre à
l'avenir.

DEUXIÈME SECTION

PÉRIODE POSTÉRIEURE A LA CRÉATION DES TRIBUNAUX DE LA RÉFORME ET DES NOUVEAUX TRIBUNAUX INDIGÈNES.

Par la création des tribunaux de la réforme, le prétoire
devint facilement accessible à tout le monde, sans distinction ; la confusion des pouvoirs judiciaire et exécutif
qui enlève aux jugements tout caractère d'indépendance
et d'impartialité, cessa d'exister et l'égalité de tous devant
la loi civile fut assurée.

Mais le fellah, habitué à la servilité, n'ayant aucune
notion de ses droits et ignorant la nouvelle et bienfaisante
organisation judiciaire qui venait de naître, fut, dans les
premiers temps, la victime de la plus infâme exploitation.

En effet, dès que les nouveaux tribunaux furent ins-
tallés dans le pays, certains spéculateurs trouvèrent
l'occasion excellente pour exploiter la bonne foi naïve
qu'ils rencontraient dans la population agricole de
l'Egypte.

Cette exploitation systématique a eu lieu, à telles
enseignes que nous pouvons affirmer que certains petits

propriétaires ont été expropriés sans avoir reçu aucun
acte de procédure. L'huissier porteur de l'assignation
mentionnait qu'elle avait été remise au défendeur, *parlant à sa personne*, alors qu'en réalité elle avait été
remise à un compère du demandeur. Ce dernier prenait
défaut contre le défendeur qui, non averti, ne pouvait
comparaître ; il obtenait une hypothèque judiciaire sur ses
biens, sans avoir, au préalable, demandé au président
du tribunal l'affectation hypothécaire qu'on exige aujour-
d'hui et le tour était joué. Le pauvre défendeur ne se
doutait de l'expropriation que lorsqu'il était dépossédé.
De telle sorte qu'on peut dire, sans être taxé d'exagération, que la réforme fut, dans les commencements, entre
les mains des spéculateurs, un instrument merveilleux de
spoliation et de vol. Ainsi donc ces tribunaux, créés
pour distribuer équitablement la justice et pour protéger
les petits et les faibles, ont été déviés de leur destination,
pareils à ces armes créées pour défendre la vie humaine
et qui sont un danger pour elle, quand on les met entre
les mains des malfaiteurs.

On ne tarda pas à s'apercevoir de ces abus et à y porter remède. Mais ils avaient assez longtemps duré pour
gâter le fellah et pour détruire en lui la bonne foi et l'honnêteté natives. Par un sentiment de défense bien naturel, il est devenu, à son tour, très chicaneur et d'une
mauvaise foi insigne.

La création des tribunaux mixtes avaient assuré au
fellah justiciable toutes les garanties judiciaires voulues.

Mais il ne pouvait avoir accès devant ces tribunaux quand il s'agissait d'un procès entre indigènes. Dans ce cas, il devait introduire son instance devant les tribunaux indigènes, qui avaient conservé leur organisation défectueuse de jadis. Le décret de 1883 est venu réorganiser ces tribunaux et les a mis au niveau des exigences de la civilisation moderne. Nous avons déjà signalé les progrès considérables faits par ces tribunaux, dans le chapitre intitulé : « Progrès généraux et misère du fellah. »

Aujourd'hui, le fellah, qu'il plaide devant les tribunaux mixtes ou indigènes, est assuré d'obtenir bonne justice.

D'autre part, le juge tenant compte de l'ignorance du fellah se montre, en certaines matières, moins rigoureux pour lui dans l'application de la loi, et la loi elle-même le favorise quelquefois d'une protection spéciale. Cette double protection lui est assurée :

1° pour les formalités des actes synallagmatiques, notamment des actes de vente ;

2° pour les ventes à réméré ;

3° pour la preuve par acte sous seing privé ;

4° enfin, la législation égyptienne le favorise spécialement en matière de billets à ordre et de lettres de change ;

5° elle vient également de le favoriser récemment, comme indigène, en matière de cession.

Passons brièvement en revue ces différentes questions.

§ I. — Formalités des contrats synallagmatiques.

Le consentement des parties étant de l'essence même de tous les contrats, l'art 301 du Code Civil mixte (correspondant à l'art 1583 du C. C. français) dispose que « la vente n'est parfaite que s'il y a consentement des deux parties, l'une pour vendre, l'autre pour acheter. » Or, dans nos villages, les ventes se font fréquemment par actes sous seing privé signés du vendeur seul ; l'acceptation de l'acquéreur n'y figure nullement et ces actes sont transcrits ainsi, d'une manière informe et incomplète. Les tribunaux mixtes, imbus de la rigueur des lois européennes, n'accordaient à ces actes que la valeur d'une simple pollicitation. C'est dans ce sens qu'a jugé la Cour d'appel mixte jusqu'au mois de janvier 1896 (arrêts 12 février 1890, 4 février 1891 et 23 janvier 1896) (1).

Cette jurisprudence jetait la plus grande perturbation dans l'assiette de la propriété du fellah ; toutes les ventes sous seing privé étaient ainsi annulées, car, nous l'avons déjà dit, toutes étaient dépourvues de l'acceptation de l'acquéreur. Devant cet état de choses, la Cour d'appel mixte conformant ses décisions aux usages du pays,

---

(1) V. ces arrêts dans le *Bulletin de législation et de jurisprudence égyptiennes*, fondé par MM. Lebsohn, A. de Rensis, Palagiet Schiarabati. On trouvera le 1er arrêt dans le t. II, page 373, le 2e dans le t. III, p. 191 et le 3e dans le t. VIII, p. 99.

revint sur son ancienne jurisprudence et admit la validité, à l'égard des tiers, de la transcription des actes de
vente ne portant pas l'acceptation de l'acquéreur. Cette
jurisprudence nouvelle admet que son consentement
résulte suffisamment, même à l'égard des tiers, de la
transcription de la mutation de la propriété faite en son
nom, et du fait d'avoir payé les impôts (1).

Voilà la première faveur dont jouit le fellah, grâce à
l'interprétation plus équitable que stricte de la loi.

§ II. — Vente à réméré.

En Égypte, le réméré est le contrat le plus usité dans
les villages comme acte de nantissement. Le fellah tient
avant tout à conserver la détention matérielle de sa terre;
pour ce motif, l'antichrèse, qui n'est valable que tout
autant que le créancier antichrésiste est en possession effec-
tive de l'immeuble donné en nantissement, ne saurait
lui convenir. D'un autre côté, l'hypothèque est, pour
lui, un moyen de crédit très coûteux. Elle exige la
passation d'un acte notarié au greffe d'un des trois tribunaux mixtes existant à Alexandrie, au Caire ou à
Mansourah. De là, obligation pour le fellah emprunteur
de voyager, de s'adresser à un avocat et d'abandonner
pour un certain temps ses cultures, afin de passer l'acte

(1) V. Arrêt 30 janvier 1896. *Bullet. de législation et jurisprudence*, t. VIII, p. 103 ; arrêt du 21 février 1897, t. IX. p. 305, et arrêt du
21 août 1897, t. IX, p. 310.

d'hypothèque dont les frais (3/4 %), honoraires d'avocat
et autres, s'élèvent à une somme assez considérable. Un
pareil mode de garantie ne peut donc être utilement
employé que pour les prêts importants; il ne saurait
convenir quand il s'agit de petites sommes. Nous avons
eu déjà l'occasion de dire que le Crédit foncier égyptien
ne consent pas de petits prêts et que le minimum de
100 L. E. qu'il a fixé dernièrement, reste souvent bien
au-dessus des besoins des petits emprunteurs. Ceux-ci ne
peuvent donc recourir à l'hypothèque, à moins de payer
des intérêts exorbitants aux usuriers qui accepteraient
de faire de petites avances sur hypothèque.

Le fellah, pour avoir plus facilement la petite somme
qu'il lui faut, vend ses terres à réméré, espérant pouvoir
se libérer dans le délai prévu. Le créancier lui laisse la
possession de l'immeuble ainsi vendu, en le lui donnant
fictivement en fermage, et le moyen paraît simple et
satisfaisant pour les deux parties.

Or, le délai maximum accordé par le législateur égyptien au vendeur pour l'exercice du réméré n'est que de
deux ans : Art 426 Code civ. mixte : « Le vendeur ne
« peut stipuler un délai de plus de deux années à partir
« de la vente pour l'exercice du droit de réméré ; le délai
« est réduit à deux années s'il a été stipulé plus long. »

Dans un délai aussi bref, l'emprunteur se trouve souvent dans l'impossibilité de restituer le prêt ; il encourt
par suite la déchéance d'exercer le réméré, et l'acheteur
reste propriétaire définitif du fonds.

Il est certain que le fellah, en recourant à ce moyen de se procurer de l'argent, n'a pas eu l'intention de vendre, en se réservant le droit de revenir sur sa décision s'il vient à se repentir d'avoir vendu. Il a voulu simplement se procurer de l'argent, et, aiguillonné par le besoin, il a mis entre les mains de son prêteur un pouvoir excessif : celui de le déposséder, si au bout de deux ans, il n'arrive pas à se libérer. Ce que nous avons dit du fatalisme, de l'imprévoyance du fellah et de son mépris des délais fixes et des échéances (v. le chap. Le fellah petit propriétaire), donne une idée de la facilité avec laquelle on peut, au moyen de cette clause dangereuse, le déposséder de ses biens.

Le réméré, fait dans ces conditions, n'est donc qu'un nantissement immobilier déguisé, ce que les tribunaux découvrent toutes les fois que les circonstances de la cause établissent d'une manière certaine, la véritable intention des parties.

Le législateur égyptien a senti le besoin d'établir une distinction entre ce réméré fictif, qui ruine la petite propriété, et le réméré réel, et d'imposer cette distinction au juge, pour l'empêcher d'appliquer strictement contre le fellah, toutes les rigueurs d'un contrat consenti dans les circonstances que nous venons d'indiquer.

L'art. 421 Cod. civ. mixte (correspondant à l'art. 338 C.C. indigène) a donc distingué deux ventes à réméré :
« 1° celle qui n'est faite que pour donner à l'acheteur
« l'immeuble ou la chose vendue à réméré en gage de la

« dette du vendeur ; 2° celle qui est faite avec réserve
« pour le vendeur de reprendre la chose vendue en réta-
« blissant les choses en leur état primitif, s'il vient à se
« repentir d'avoir vendu. »

Remarquons que c'est improprement que la loi appelle
« *vente à réméré* » celle qui est faite pour donner la chose
vendue en gage. Cette vente n'a du réméré que la forme
et l'apparence, elle est en réalité un nantissement régi
par les règles spéciales du nantissement (art. 422 C. c.
mixte correspondant à l'art. 339 c. c. indigène). Art. 423
C. c. mixte : « Dans le deuxième cas, la vente à réméré
« sera régie par les règles suivantes :

« Dans le doute, la présomption sera qu'il s'agit d'un
« nantissement si le prix est payé comptant ou compensé
« avec une dette antérieure, s'il est stipulé que le prix
« sera remboursable avec intérêts, ou si la chose reste
« dans la possession du vendeur à un titre quelconque,
« et qu'il s'agit d'une vente réelle dans le cas contraire.
« Toute preuve contraire sera admise sans qu'il soit
« tenu compte des termes de la convention. »

Le législateur égyptien a donc simplement voulu dire
qu'en fait de réméré, c'est l'intention des parties et non
les termes employés qu'il faut rechercher dans les
actes.

C'est là, du reste, le principe général qui gouverne l'interprétation de tous les actes.

Ce texte spécial pour l'interprétation de réméré n'était
donc pas de toute nécessité ; on ne peut se l'expliquer

que par le désir du législateur de protéger le fellah ici
d'une façon toute spéciale.

Ajoutons enfin que, pour comble de faveur, la jurisprudence mixte décide qu'en cas de doute, la vente à
réméré doit être considérée comme un simple nantissement. Ainsi donc, la présomption est le simple nantissement, c'est à l'acheteur à prouver qu'il s'agissait d'une
vente véritable.

§ III. — Preuve par acte sous seing privé.

La législation égyptienne accorde aux actes sous seing
privé la même force de preuve que leur accordent les
législations européennes ; mais le fellah, presque toujours
illettré, ne peut se servir, pour signer ces actes, que d'un
cachet portant son nom, lequel cachet il appose sur l'acte
qu'il s'agit de reconnaître. De là, des difficultés multiples
sur la preuve. Le porteur du cachet reconnait-il que
c'est lui qui l'a apposé sur l'acte? Cet acte fait preuve
contre lui. Mais voilà qu'il nie l'avoir cacheté : son
cachet a été égaré et retrouvé plus tard, on l'a apposé à
son insu. Quelle sera, pour lui, la valeur d'un acte
cacheté dans de telles circonstances? Faut-il qu'il s'ins-
crive en faux? Mais quels faits articulera-t-il ? Toutes
les preuves qu'il a consistent en une simple négation : il
n'a pas cacheté, voilà sa défense ; comment l'établira-
t-il? Est-ce à lui ou au demandeur à établir le fait de
l'apposition du cachet? et quel est le mode de preuve à

admettre pour établir ce fait ? sera-ce la preuve testimoniale ou par écrit ? Voilà une foule de difficultés qu'on
ne rencontre pas en France où l'usage du cachet n'est
pas admis ; le législateur français exigeant la passation
d'un acte notarié ou sous *signature* privée de toutes choses
excédant la somme ou valeur de 150 francs (Art. 1341,
C. c. français).

Or, la signature ne pouvant émaner, quand elle est
sincère, que de la main même de celui à qui elle est attri-
buée, établit à n'en pas douter, que ce dernier en est
bien l'auteur. Il n'en est pas de même du cachet qui peut
être apposé par tout porteur. Doit-on lui accorder la
même force de preuve qu'à l'écriture et à la signature ?

Le législateur égyptien ne tranche pas nettement la
question. L'art. 292 du Cod. Civ. Mixte (227 C. c. indigène) semble bien n'attacher la preuve qu'à l'écriture
et à la signature, à l'instar du législateur français.

« Les écrits sous seing privé, y est-il dit, font la
« même preuve entre les parties, tant que l'*écriture* ou
« la *signature* n'est pas déniée. »

Mais l'art. 290 du Code de procédure civile et commerciale mixte (art. 251 Cod. Procéd. indigène), a assi-
milé le cachet à la signature, au point de vue de la
preuve :

« Le bénéficiaire d'un titre sous seing privé peut
« citer devant le tribunal, par action principale et dans
« les formes ordinaires, celui dont ce titre implique une
« obligation même non échue, pour lui faire déclarer

« qu'il reconnait son écriture, sa signature ou *son ca-*
« *chet.* »

De cette assimilation, résulte la difficulté qui nous occupe, au point de vue de la dénégation faite par le débiteur d'avoir cacheté l'acte qu'on lui oppose.

La première jurisprudence de la Cour d'appel mixte
refusait au simple cachet la force d'une preuve entière.
Il a été jugé que l'écrit sous seing privé muni du cachet
d'un débiteur et *d'un seul témoin* constituait une preuve
insuffisante, demandant à être complétée par le serment
supplétoire (1) ; et que l'obligation munie du cachet du
débiteur et de celui de *deux témoins,* faisait preuve en
justice, à défaut de preuves concluantes contraires (2).

Pour bien nous pénétrer de l'esprit de cette jurisprudence, nous devons faire remarquer qu'elle est inspirée
des principes du Droit musulman où la *preuve testimo-*
niale est la seule admise. La Cour, en exigeant pour la
preuve par simple cachet, l'approbation de deux témoins,
reconnait, par le fait, que le cachet ne peut, à lui seul,
constituer une preuve entière.

Cette théorie répond le mieux aux mœurs du pays ;
elle a, néanmoins, l'inconvénient de rendre sans limites la
preuve testimoniale.

La jurisprudence actuelle est indécise.

Il a été d'abord jugé, en ce qui concerne la dénégation

(1) Arrêt 14 juin 1876. *Bulletin de législation et de jurisprudence*
t. i, page 115.
(2) Arrêt 14 juin 1876. *Bulletin,* t. i, p. 105 et 111.

du fait d'avoir apposé le cachet et en ce qui concerne le
fait de savoir à qui incombe la preuve de la validité du
titre : 1° que celui qui dénie avoir apposé son cachet n'a
pas besoin de s'inscrire en faux contre l'acte qu'on lui
oppose, étant donné que les actes ne font foi jusqu'à
inscription de faux que tout autant qu'ils ne sont pas
contestés, quant à leur matérialité (1) ; 2° que c'est au
demandeur à prouver la sincérité du titre qu'il invo-
que (2).

Mais cette jurisprudence n'est pas bien assise et l'on
voit, quelquefois, les tribunaux exiger l'inscription en
faux et mettre ainsi la preuve à la charge du défendeur (3).

Quant à la question de savoir quel est le mode de
preuve admissible pour établir le fait de l'apposition du
cachet, il nous semble qu'à défaut de titres, il n'y a, en
dehors du serment, que la preuve testimoniale, preuve
très périlleuse étant très incertaine. Mais cette preuve
est rejetée par le législateur égyptien qui ne l'admet en
matière dépassant 1000 piastres égyptiennes (260 fr.)
que s'il y a un commencement de preuve par écrit. Or,
pour servir de commencement de preuve, l'écrit doit être
reconnu. Le titre que le débiteur nie avoir acheté ne sau-

---

(1) V. Arrêt du 21 mai 1896, *Bulletin*, t. VIII, p. 287.
(2) V. Même arrêt.
(3) Jugement du tribunal mixte du Caire, 2ᵉ ch. civile, 5 décembre 1899, n° 541, 22ᵐᵉ année judiciaire.

rait donc constituer un commencement de preuve et
autoriser l'audition des témoins.

Enfin, dans l'hypothèse même où le débiteur reconnaît
avoir cacheté lui-même l'acte litigieux, la preuve n'est
pas encore entière. Le débiteur illettré n'a pas été à
même de vérifier le contenu du titre qu'on lui donne à
cacheter. Il l'a cacheté de bonne foi, ignorant forcément
sa teneur. Il a été trompé peut-être, on lui a lu ce qui
n'était pas écrit dans l'acte. Comment le prouvera-t-il ?
Et de quel droit lui opposer un acte dont il n'a pas pu
connaître exactement la teneur, à moins qu'on ne suppose
à son cocontractant la sincérité et la bonne foi d'un
notaire désintéressé ?

De tout cela, il résulte que le système suivi est lui-
même vicieux. On devrait, pour les gens illettrés, n'admettre que la preuve par acte notarié. Malgré toute la
protection et la bienveillance que lui témoignent les tribunaux, le fellah, qui s'oblige par le simple fait d'apposer
son cachet sur un acte dont il n'a pu prendre connaissance par lui-même, court le risque d'être la dupe des
individus sans foi qui cherchent toujours à l'exploiter et
qui spéculent avec succès sur son ignorance et sa confiance
naïve.

§ IV. — Lettres de change et billets à ordre.

Le Code de Commerce mixte ne faisait aucune distinction entre les billets à ordre et les lettres de change

souscrits par les cultivateurs indigènes et ceux qui sont souscrits par toute autre personne. Les articles 114 et 196 du Code de Commerce combinés faisaient exception seulement pour les effets souscrits par les femmes et les filles non commerçantes ; ces effets étaient les seuls qui ne fussent pas considérés comme des actes de commerce, mais des obligations purement civiles.

Le fellah, n'ayant aucune pratique des affaires, était ainsi obligé commercialement par les effets qu'il signait : il subissait la célérité de la procédure des tribunaux de commerce et l'exécution provisoire des jugements de premier degré rendus contre lui ; il était privé des délais de grâce que le tribunal civil peut accorder ; enfin, il payait le taux commercial des intérêts moratoires, plus élevé qu'en matière civile.

Ces rigueurs ont disparu avec le Décret du 5 décembre 1886, qui classa, « les simples cultivateurs indigènes » par rapport aux effets souscrits par eux, dans la catégorie des femmes et des filles non commerçantes, et décida que ces effets ne seraient pas réputés actes de commerce en ce qui les concerne.

Depuis ce décret, auquel le texte du Code indigène est conforme (art. 109), tous les effets (billets à ordre et lettres de change) souscrits par le fellah sont donc des actes purement civils. C'est au tribunal civil que le fellah est soumis et ce tribunal peut lui accorder des délais de grâce ; il n'est plus exposé à l'exécution provisoire et il paie le taux d'intérêt prévu en matière civile.

Sur ce dernier point cependant, le fellah n'est pas aussi
favorisé que pour les autres matières civiles ; car, malgré
la non commercialité des effets qu'il souscrit, les intérêts
courent contre lui, non pas du jour de la demande en
justice, mais à partir du protèt, conformément à
l'art. 194 du Code de Commerce. D'ailleurs, ce n'est qu'au
point de vue de la commercialité que les effets souscrits
par le fellah échappent aux conséquences de la clause à
ordre ; ainsi, ces effets sont toujours transmissibles par
voie d'endossement, et le débiteur ne peut pas opposer
au porteur les exceptions qu'il aurait pu opposer au
bénéficiaire originaire, telles que la compensation, le
paiement, etc. (1).

§ V. — Cession.

Suivant la tradition du droit musulman, un créancier
n'a pas le droit, sans le consentement de son débiteur,
de lui imposer un autre créancier en son lieu et place,
lequel pourrait être plus exigeant que lui-même.

Conformément à ce principe, le Code civil indigène
dispose (art 349), que « la propriété de la créance ou du
« droit cédé n'est transmise, et la vente n'est valable
« que s'il y a consentement du débiteur cédé. »

Le Code mixte s'était écarté de cette tradition du
droit musulman et l'art. 136 du Code civil portait : « la

(1) Arrêt 19 décembre 1895 *Bulletin de législat. et jurisp.*, t. VIII
p. 46.

« propriété de la créance cédée est transmise, vis-à-vis
« des tiers, par la notification du transport au débiteur
« cédé. »

L'acceptation de ce dernier n'était donc pas nécessaire. Ainsi, le débiteur indigène subissait la cession qui
était consentie généralement à des étrangers. Il était
alors assigné devant les tribunaux mixtes dont le siège
est éloigné de son village, alors qu'à défaut de cette cession, son créancier primitif l'aurait assigné devant les
tribunaux indigènes qui sont très nombreux et plus à
proximité des justiciables.

Le décret promulgué, avec l'accord des Puissances, le
26 mars 1900 modifie l'art. 436 du Code civil mixte et
fait retour aux dispositions du Code indigène et du droit
musulman. L'alinéa 2 du paragraphe 2 du nouvel art. 436
est ainsi conçu : « Néanmoins, les obligations purement
« civiles nées entre indigènes ne pourront être cédées
« qu'avec le consentement du débiteur, lequel ne pourra
« être établi que par écrit ou par délation de ser-
« ment. »

La modification apportée par ce décret est, évidemment,
une grande protection pour le fellah, au préjudice du
créancier, qui est ainsi mis dans l'impossibilité de négo-
cier sa créance si le débiteur s'y refuse.

CONCLUSION

Nous avons essayé de donner une idée exacte de la situation économique et sociale du fellah égyptien à l'heure actuelle. Pour atteindre ce but, il a fallu quelquefois insister sur des questions se rattachant plutôt à l'état général de l'Egypte, au point de vue financier ou politique. Ces développements étaient nécessaires, nous l'avons cru du moins ; ils ont servi à projeter une lumière complète sur notre sujet. La situation économique et sociale d'un peuple n'est-elle pas étroitement liée, en effet, à celle du pays où il vit, et sa prospérité ne dépend-elle pas des institutions politiques de ce pays et de la prospérité de ses finances ? L'embarras du Trésor égyptien, au temps d'Ismaïl pacha, a eu un contre-coup funeste sur la situation du fellah, qu'on dépouilla et qu'on brutalisa avec la dernière rigueur. Cependant, il serait déraisonnable de prétendre qu'Ismaïl pacha en voulût à son peuple, ou qu'à l'exemple d'un Néron ou d'un Tibère, il eût des désirs inassouvis de persécution et de cruauté. C'est uniquement pour remédier au déficit du Trésor que l'on arracha au fellah, par la force et les mauvais traitements, le maigre produit de son travail.

En jetant un coup d'œil d'ensemble sur ce que nous avons dit de l'état du fellah et de l'Égypte en général, avant Mohamed Ali et à l'heure actuelle, on ne peut qu'être émerveillé des progrès généraux qui ont été accomplis. La tyrannie des Mamelouks avait plongé le pays dans un engourdissement tel qu'on pouvait se demander si le réveil serait encore possible. Mais il faut croire qu'un peuple ne peut mourir aussi facilement qu'un seul homme et que, malgré les symptômes de décomposition qui font craindre pour son existence, il garde en lui, comme à l'état latent, une énergie et une vitalité que rien ne peut détruire. Ainsi, il a suffi qu'un seul homme employât sa volonté et son génie à relever l'Égypte, pour qu'immédiatement elle secouât sa torpeur et prît son essor vers le progrès. Aujourd'hui, on peut dire que ce pays, où les réformes sont cependant contrariées par un cosmopolitisme étrangement bigarré, et par une situation internationale tellement anormale qu'on ne sait au juste où réside la souveraineté, ce pays, disons-nous, malgré ces obstacles puissants, a atteint un haut degré de civilisation. Il n'est pas jusqu'aux classes les plus pauvres qui ne jouissent maintenant de la liberté individuelle et de la paix sociale, auxquelles, sous l'ancien régime, il leur était défendu même de penser.

Mais ces classes n'ont pas encore obtenu la somme de
bien-être à laquelle leur donnent droit leur travail et
leurs besoins d'hommes civilisés : ni l'ouvrier des champs
ni même le petit propriétaire ne recueillent les fruits de
leurs peines; les ouvriers surtout vivent d'une vie pro-
fondément misérable. Nous avons démontré tout cela et
nous avons appuyé notre démonstration de l'opinion de
gens impartiaux et désintéressés, toutes les fois qu'il a
été possible de le faire. Si les témoignages et les docu-
ments ne sont pas aussi nombreux que nous l'eussions
voulu, c'est que jusqu'à présent on ne s'est guère occupé
du fellah que pour décrire son habitation, son habille-
ment et son genre de vie, et pour répandre sur son
compte les histoires les plus fantaisistes, par exemple son
aptitude à recevoir des coups (1), etc. Nous nous sommes
appliqué cependant, à ne consigner dans ces pages que
des vérités et des faits certains que la vie parmi les fellahs nous a permis de connaître par nous-même. Si nous y
avons réussi, comme nous voulons l'espérer, il faut tirer de
tout ce que nous avons écrit cette conclusion qu'il est
urgent d'apporter un remède efficace au mal économique et
social dont souffrent la population de nos campagnes et
les classes pauvres en général. Il faut d'abord répandre
les lumières de l'instruction parmi ces classes. C'est ainsi
qu'on leur permettra de contribuer elles-mêmes, dans
une large mesure, à l'amélioration de leur sort. Quand le

(1) V. Duc d'Harcourt: *L'Égypte et les égyptiens.*

peuple sera pourvu d'une instruction suffisante, l'État pourra se débarrasser d'une tutelle trop lourde pour lui, mais dont il ne peut pas se décharger, tant que ce peuple est, comme un mineur, incapable de se diriger lui-même dans la vie. Jusque-là, l'État a forcément des obligations bien plus grandes que les États où les peuples sont suffisamment instruits pour trouver quelquefois gênante une semblable tutelle.

Le gouvernement égyptien doit aussi réprimer efficacement l'usure qui, si elle continuait à sévir, compromettrait de plus en plus la prospérité économique du pays. Nous avons signalé les essais tentés dans ce sens, mais ils ne nous paraissent pas suffisants. Il faut établir solidement et développer les institutions de crédit agricole, et ne pas se contenter d'essais timides, qui n'ont pas donné et ne peuvent donner rapidement de bien appréciables résultats.

Ce sont surtout les classes ouvrières qui méritent toute la sollicitude du gouvernement. Dans les pays les plus civilisés, le législateur ne craint pas de s'interposer entre le patron et l'ouvrier, pour atténuer l'inégalité de fait, qui existe toujours dans le contrat du travail. Cette intervention est nécessaire chez nous bien plus qu'ailleurs, car nous n'avons pas les syndicats ouvriers qui peuvent opposer une force souvent imposante à celle du patron.

Enfin l'initiative privée, qui a déjà produit d'excellents résultats, doit aussi contribuer au relèvement du fellah.

Déjà S. A. le Khédive a donné l'exemple de ce noble dévouement à la cause des petits et des faibles, en créant, avec les fonds de sa cassette privée, des écoles pour instruire la jeunesse ; ces écoles fournissent chaque année de très bons résultats. Son Altesse s'intéresse aussi vivement aux progrès agricoles du pays et lui-même, grand propriétaire terrien, il s'applique à améliorer le sort de ses nombreux ouvriers.

Nous avons signalé aussi, dans le cours de ce travail, la création, due à S. A. le prince Hussein, oncle du Khédive, d'une société agricole, destinée à introduire de meilleurs systèmes de culture et à aider les petits cultivateurs, en leur prêtant les semences nécessaires.

La dernière exposition agricole, inaugurée au Caire le 26 janvier 1901, a démontré que l'agriculture égyptienne s'est engagée résolument dans la voie du progrès. « Nos cultivateurs, renonçant à l'antique routine, adoptent les procédés dont ils ont enfin pu apprécier la supériorité. L'usage des machines, l'emploi des chemins de fer agricoles surtout, se vulgarisent de plus en plus ; aussi, dans cette exposition qui synthétise le progrès annuel accompli par l'agriculture, une large place, la place d'honneur, est-elle réservée à cette industrie (1). »

On ne saurait douter des heureux effets que produiront nécessairement, dans un prochain avenir, ces efforts persévérants et ces nobles exemples.

(1) V. « La Bourse Égyptienne », n° du 26 janvier 1901.

C'est par la collaboration de tous, que le fellah pourra accéder à un certain bien-être et espérer une rémunération plus équitable de son pénible labeur. C'est alors seulement que cette belle et féconde terre d'Egypte, cultivée avec amour et intelligence, donnera des résultats économiques merveilleux.

TABLE DES MATIÈRES

BUZANÇAIS (INDRE), IMPRIMERIE F. DEVERDUN.